JN209563

1分で伝える力

中谷彰宏

AKIHIRO NAKATANI

リベラル社

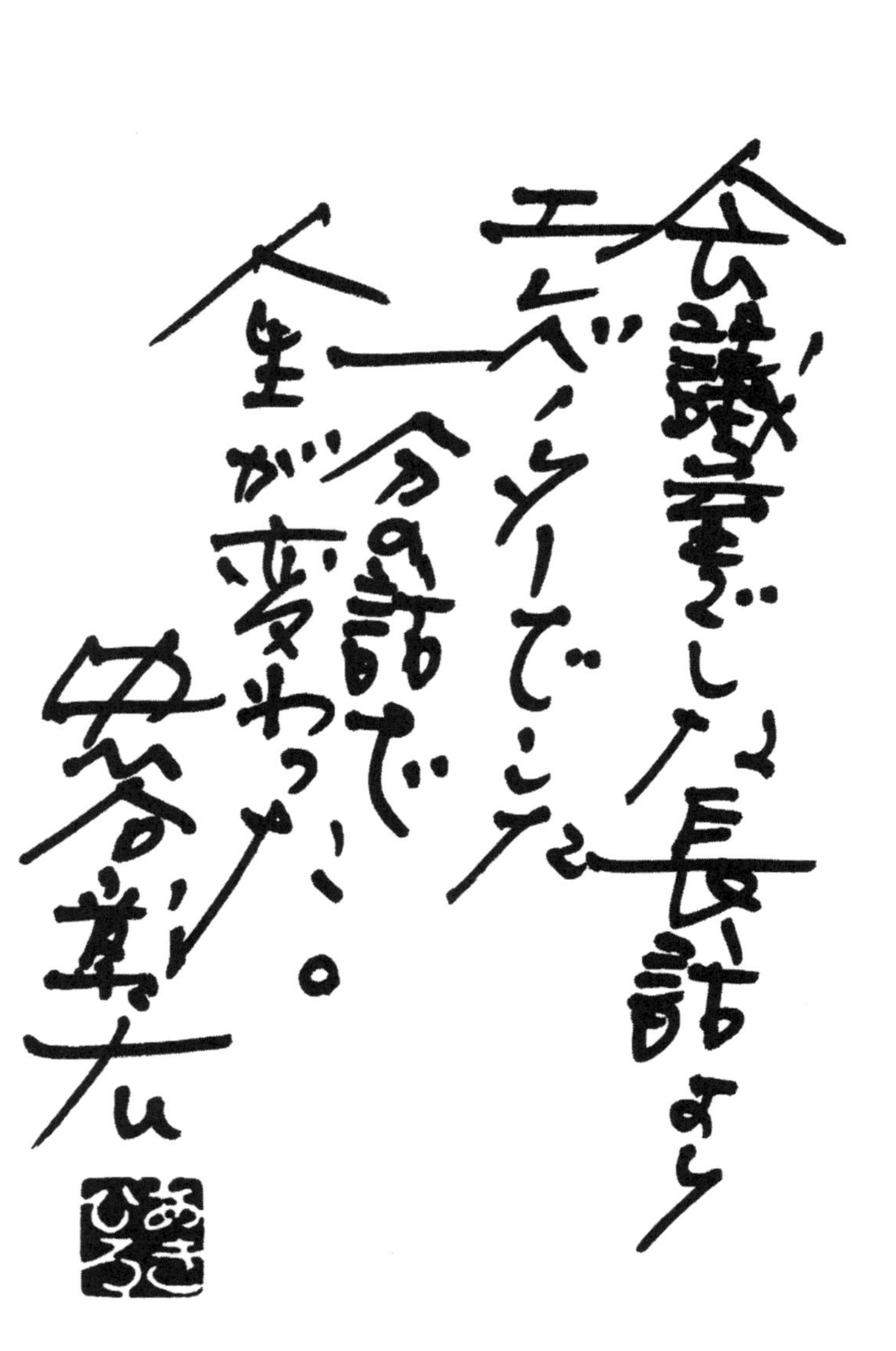
会議室での長話より
エレベーターでの一分の話で
人生が変わった。
中谷彰宏

この本は、3人のために書きました。

1　「あなたの話は何を言ってるか、わからない」と言われた人。

2　「話が長い」と言われた人。

3　「話はわかるけど、納得できない」と言われた人。

まえがき

01 どんな話でも、1分で、要約できる。

どんな話でも、1分あれば伝わります。
何を言っているかわからないのは、グダグダ言って、要約できていないからです。
女性の話に男性がイライラするのは、そのせいです。
男性の話も、そこに昔話や自慢が入ってくると、イライラします。
どんなにいいことを言っても、伝わらなければ終わりです。
たとえ伝わっても、相手に「話はわかるけど、やる気が起こらない」と言われます。
説得されても、納得するとは限らないのです。
大切なのは、相手が聞いてすぐに動ける状態にすることです。
逆に言えば、1分以上話すと伝わらないのです。

話し手の1分は聞き手の3分です。
実質的に1分で終わらせたいなら、15秒で話を切り上げます。
それ以上は、はみ出ています。
話し手と聞き手の時間感覚は、まったく違うのです。
「1分以上は、話さない」つもりでいることです。
実際、伝えることのできる人は「1分以内で話す」という制約を自分にかけています。
そのために要約が必要なのです。
私は早稲田大学文学部演劇科の映画専攻でした。
学年に1人は映画をベラボウに見ている人がいました。
Tさんは、気の毒なことに、映画の説明が下手なのです。
まじめすぎて、全部話そうとするからです。
2時間の映画の説明に2時間以上かかります。
聞いている側は、訳がわからなくなるのです。
広告のコピーも要約です。

本を1冊読んでも、受け取るのは1文です。

日常生活で「今度どこへ遊びに行こうか」という相談も、プレゼンも、会社での頼みごとも、すべて要約する力が必要です。

レストランでのオーダーも、1人1人が「アイスコーヒー」と言うよりも、「アイスコーヒー10個」と言ったほうが伝わります。

伝える力は、「アイスコーヒー」を10回言うか、「アイスコーヒー10個」を1回言うかの差なのです。

思わず動きたくなる話し方　01

1分以上話さない。

思わず動きたくなる話し方

01 1分以上話さない。
02 全部言おうとしない。
03 情報ではなく、切り口を話そう。
04 切り口で、勝負しよう。
05 機能より、相手への効能を伝える。
06 相手が上司に話しやすいネタを提供する。
07 情報よりも、自分の体験を切り口にする。
08 直列でほめよう。
09 「これしか」を言おう。
10 「AからBへ」で話そう。
11 伝わる反対語を考えよう。
12 共感・意外性・驚きの展開で伝えよう。
13 言い訳を、挟まない。

14 「たとえば、こういうのはどうですか」。
15 面白いところから、話そう。
16 伝える前に、並べかえよう。
17 「でも」なしでもわかる筋道をつくろう。
18 手品は、タネとコツを教えよう。
19 締切は、時間を伝えよう。
20 「こうすべきだ」と、言わない。
21 勧めたいほうの、逆を言おう。
22 2択では、オススメを、あとに言おう。
23 伝えたいことを、消そう。
24 役目としてではなく、1人の人間として話そう。
25 指示代名詞を、使わない。
26 議論の勝ちは、相手に譲ろう。

27 議論で白旗を揚げよう。

28 驚くことに、出会おう。

29 まず自分が、驚こう。

30 相手の意見として、まとめよう。

31 反論を出し切ってもらおう。

32 言い訳は、自分が言うのではなく、相手に言わせよう。

33 「最後まで、聞いてください」と言わない。

34 メリット・デメリットの表をつくろう。

35 交渉決裂を、恐れない。

36 感情移入しながら、酔わずに話そう。

37 「○○ですが、～」と、つなげない。

38 音読みより、訓読みで話そう。

39 下を見ない。

40 固有名詞は、フルでスラスラ言おう。
41 決めゼリフで、かまない。
42 相手の名前を挟もう。
43 相手の話を、受けよう。
44 ムチャぶりも、いったんのみ込もう。
45 悪者をつくらない。
46 「もうちょっと、聞きたい」を残そう。
47 「一言で言うと」で話し始めよう。
48 「ちょっと、むずかしいです」を言わない。
49 お礼・自己紹介を省こう。
50 1分で質問して、それから説明しよう。
51 「もう一度、言います」を言わない。
52 マウンティングしない。

53 「よく言われるように」を言わない。
54 中身より話し方を味わおう。
55 「間違っているかもしれませんが」と言わない。
56 「言ってみれば」という比喩を入れない。
57 「なんだと思う?」より、答えを即、伝えよう。
58 興味より、最大の課題として話そう。
59 「何度も、言いますが」を言わない。
60 時間もお金もかからないスモールステップを伝えよう。
61 廊下・トイレ・エレベーターでチャンスをつかもう。

1分で伝える力

もくじ

まえがき
01 どんな話でも、1分で、要約できる。……5

第1章
切り口で、伝える。

02 100%よりも、1%のほうが伝わる。懇切丁寧な話ほど、わかりにくい。……22
03 情報は、みんな同じ。切り口に、個性がある。……26
04 誰もが知っていることを、誰もが気づかなかった切り口で話す。……29
05 商品のよさよりも、いかに相手と関係があるかを話す。……31
06 相手にも、上司がいる。泣き落としでは、相手が困る。……35
07 相手の予想を、裏切る。情報は、相手も知っている。……38

第2章

構成で、伝える。

08 並列ではなく、直列で話す。「理由は3つあります」は、聞いてもらえない。……44
09 「なんでも」より「これしか」が伝わる。……47
10 「違う」ではなく、「Aより、Bだ」で話す。Bは、対比のAを出すことでイメージが伝わる。……49
11 「挑戦」の反対語は「アイデア」だ。……51
12 「①ツカミ・②ヒネリ・③オチ」の3段階で話す。……53
13 クレームの報告は、①事実、②現状、③今スグすること、を上司に報告する。……56
14 クレームのお客様には、理由より、解決策を伝える。「どうしたら」と聞くより、自分の「仮説」を出す。……58
15 時系列より、相手の興味のあることから話す。……61
16 全部書き出して、並べかえる。捨てて、足りないところを埋める。……64
17 論理的な話には、「でも」はいらない。……66
18 料理は、3+1で説明する。……69

第3章

伝え方で、動きたくなる。

19 「早めに」よりも、「12時までに」と伝えないと、シンデレラは帰ってこない。……72
20 「Aだと、こうなる。Bだと、こうなる」。好きなほうを、選んでもらう。……75
21 踏ん切りのつかない人には、オススメと逆のことを言う。……78
22 選択肢が3つになると、決められない。3択よりも、2択にする。……80
23 フォーマットで説明しても、伝わらない。……83
24 上から言われたことより、自分がやりたい気持ちを伝える。……85
25 名詞より、動詞で話す。体言止めにしないで、動詞で終わる。……89

第4章

負けて、勝つ。

26 議論に負けて、実をとる。……94

27 敗北宣言をすることで、伝わる。……97

28 学んでいる人間は、毎日、驚いている。……99

29 まず自分が、驚かないと、人を驚かせられない。……103

30 即答できないところは、「そこなんです。ご意見をいただけますか」。……105

31 反対意見のある時は、「教えてください」。……109

32 相手に言い訳を言わせて、安心させる。……111

33 相手が話し始めたら、途中でも止める。……114

34 自分のアイデアのデメリットを、相手に言われる前に、自分で出し切る。……117

35 交渉が、決裂したところから、始まる。……120

第5章

話し方で、伝わる。

36 静かに入って、テンションを上げていく。……124
37 一文を、短く切る。……127
38 書き言葉より、話し言葉が伝わる。……130
39 紙を見ない。……132
40 数字は、2ケタまで。……134
41 準備するから、アドリブのように話せる。準備して、アドリブのように話す。……136

第6章

伝え方で、好感度を上げる。

42 相手の名前を呼ぶ。好感度が上がれば、伝わる。……140
43 「○○さんも、おっしゃったように」と、相手の名前を、入れる。……144
44 「ムリです」より、「実現すると、面白そうですね」。……146
45 悪者をつくる話は、好感度が下がる。……149
46 「1分、いいですか」と始めて、50秒で終わらせる。……152
47 「結論から言うと」で話し始める。……155
48 「むずかしくないです」と、最初に言う。……157
49 質疑応答の質問は、3秒でできる。短い質問ほど、中身がある。……160
50 相談の前に、説明しない。説明が長くなる時は、メンタルが下がっている。……164
51 締めは、短く。……168

第7章

伝え方で、損をしない。

52 「ご存じないかもしれませんが」は、聞いてもらえない。……170
53 「一概には、言えない」より、言い切る。
正論よりも、極論が伝わる。一般論を言わない。
ほかの人が言いそうなことは、言わない。……172
54 映画は、ストーリーよりシーンを話す。……176
55 婉曲な言い回しは、イヤ味になる。……178
56 たとえ話が好きになると、老化現象。
具体論がない時ほど、たとえ話になる。……181
57 クイズ形式で喜んでいるのは、話し手だけ。……184
58 「ちょっと興味がある」より、
「最大の課題なんです」と聞く。……187
59 同じことを、2回言わない。2回言うと、反感を買う。……190
60 「これなら、できそう」と感じると、人は動く。
目的は、伝わることではなく、動くことだ。……194

あとがき
61 廊下・トイレ・エレベーターで、チャンスが生まれる。……198

第1章

切り口で、伝える。

02 100%よりも、1%のほうが伝わる。懇切丁寧な話ほど、わかりにくい。

まじめで一生懸命な人ほど、伝え方が苦手です。

映画の話を懇切丁寧にしてしまって、かえって伝わらなくなります。

むしろ、いいかげんな人のほうが伝わります。

一生懸命頑張っている人ほど話が伝わらなくて、社会ではうまくいきません。

学校優等生が苦労するという、気の毒なことになるのです。

道の説明は曲がり角だけ言えばいいのです。

ポイントは、曲がり角です。

まじめな人は、相手に正しく伝えようとして、「途中にローソンがあって、ファミリーマートがあって、セブン-イレブンで曲がるんです」と言ってしまいます。

途中の「ローソン」「ファミマ」は、要らないのです。

親切のつもりで、「そのセブン-イレブンは、昔はローソンだったんですよ」という話までしてします。

この時点で、聞き手は訳がわからなくなるのです。

「そこは息子さんがもともと酒屋さんで」とか「おばあちゃんとケンカして」というのは、すべていらない話です。

自分の知っていることを全部盛り込んだほうが相手に印象づけられると勘違いしているのです。


伝わるのは、１００％のうちの１％です。

１００％は１％です。

１％が１００％なのです。


私は、映画評論家の淀川長治さんと浜村淳さんに映画の話し方を教わりました。

浜村淳さんも淀川長治さんも、映画のワンシーンしか語っていません。

私もそれに倣（なら）って、ワンシーンを丁寧に話します。

全体のあらすじを話しても面白くありません。

第一、ネタバレします。

聞いた人もつまらないし、「もう見た」という気分になります。

面白いワンシーンを語ることで、「そんな面白いシーンがあるなら、全体も面白いに違いない」と思ってもらえるのです。

本をパラパラと読んでも面白くありません。

1ページ読んでみると、面白いかどうかがわかります。

これが要約です。

その1ページに、すべてのエッセンスが込められています。

これは図形の部分と全体が自己相似になっているという「フラクタル」の考え方です。

建築家のアントニ・ガウディは、サグラダ・ファミリアの一部分をつくりました。

一部で全体がわかるように設計したのです。

設計図はありません。


一部分の中に全体があるのです。

全部言おうとしない。

思わず動きたくなる話し方　02

1%を丁寧に語ることは、100%をアバウトに語るより、はるかに大切です。

たとえば、１冊の本に50項目あったとしたら、その中の1項目をタイトルにすることで、その本の中身がわかります。

私の『お金持ちは、お札の向きがそろっている。』（ＰＨＰ研究所）という本は、お金持ちの習慣についての話です。

『お金持ちの習慣』というタイトルにしていないのは、お金持ちの習慣を1つとり上げて、それをタイトルにしたほうが伝わるからです。

ＣＤのアルバムのタイトルも、代表曲のタイトルが多いです。

大切なのは1％を語ることです。

曲がり角は何かというポイントだけを語ることが大切なのです。

03 情報は、みんな同じ。切り口に、個性がある。

情報を伝えようとすると、伝わりません。

今までに聞いたことのある情報は、誰に聞いたのか、まったくわかりません。

情報は印象に残らないのです。

印象に残るのは、切り口です。

同じ情報でも、切り口は３６０度あります。

切り口は１人１人個人差があって、「それはそういうふうに見るんだ」ということが印象に残るのです。

情報化社会は、誰もが情報を持っています。

情報で差をつけようと思っても、まったく差がつきません。

勝負は切り口です。

切り口は、その人の生き方であり、見方であり、美学であり、哲学です。

検索できるようなものではないのです。

これからは情報の世界から教養の世界になります。

出版社からも教養物がたくさん出ています。

クイズは、情報です。

クイズ番組が成り立つのは、正解が１個だからです。

教養はクイズにできません。

教養はものの見方なので、正解は１個ではないのです。

トーク番組は、切り口が勝負です。

トーク番組で情報を語っても、まったく面白くありません。

トーク番組で面白いコメンテーターは、自分の切り口を持っている人です。

つまらない本は情報が羅列してあるだけです。

情報ではインターネットに勝てません。

読者が一番求めているのは、切り口です。
著者の教養に読者は値打ちを感じるのです。
情報化社会になる以前は、情報に値打ちがありました。
今は情報そのものに値打ちはありません。
大切なのは、その情報をどう切るかです。
これが伝えるということなのです。

思わず動きたくなる話し方　03

情報ではなく、切り口を話そう。

04 誰もが知っていることを、誰もが気づかなかった切り口で話す。

伝える時にしてはいけないのは、誰もが知らない情報を、誰もが知っている切り口で語ることです。

誰もが知らない情報には興味が持てません。

「あるある」がないので、共感が持てないのです。

危機管理の本で、「曲がり角を曲がった時にヤリで突かれたらどうするか」という話は、日常的にヤリを使用している国では有効ですが、今の日本には要らない情報です。

雨の日の部屋干しの仕方のほうが、よっぽど知りたいです。

雨の日の部屋干しは、窓をあけたほうが乾くのです。

誰もが知っている情報を、誰もが知っている切り口で書くのは、ただの正論です。
大切なのは、誰もが知っている情報を、誰もが知らない切り口で語ることです。
売れる本は、王道を少し違う切り口で切っています。
テーマは、結局、王道しかないのです。
出版の王道は、昔から「英語」「健康」「お金」「人間関係」「恋愛」です。
それは100年経っても変わりません。
その切り口をどう変えるかです。
「何か新しいジャンルはないですか」と言う人がいます。
あったとしても、その本は売れません。
伝えるポイントは、ジャンルではなく、切り口なのです。

思わず動きたくなる話し方　04

切り口で、勝負しよう。

05 商品のよさよりも、いかに相手と関係があるかを話す。

商品の機能がどんどん増えています。

「こんなに機能があって、お得です」と言われても、自分に関係ない機能は意味がないのです。

シャンプーのＣＭをつくる時に、「このシャンプーを使うと、髪の毛がツヤツヤになります」と言っても、スキンヘッドの人に意味はありません。

すでにツヤツヤだからです。

「このシャンプーを使うと、フケがごっそり取れます」というのも、求められていません。

フケを集めている訳ではないからです。

求めているのは、それを使った結果、どういうメリットがあるかです。

「髪の毛がツヤツヤになる」「フケが取れる」というのは、途中のプロセスであり、手段です。

たとえば、モテたいと思っている人にとっては、「このシャンプーを使うとモテる」というのは、自分に関係があります。

一方で、モテたいと思っていない人にとっては関係ないのです。

自分の話に聞き手がいかに「関係性」を感じてくれるかです。

自分に関係のない話は、いっさい興味がありません。

「自分に関係がある」と思った瞬間、聞きたくなります。

一番聞きたいのは、「どんなに凄いか」ということではありません。

「どんなに自分に関係があるか」どうかです。

360度どこから話せる話でも、相手に「これは自分と関係がある」と思ってもらえるように切り口を変えていきます。

AさんとBさんでは、当然、切り口は変わります。

大切なのは、誰に向かって伝えるかです。

たとえば、「お掃除ロボットを使うと部屋がきれいになる」というのは、まったく意味がありません。

それはロボットの機能です。

つくり手としては機能を語りたくなります。

買う人は、部屋がきれいになることは求めていません。

きれいになるのはどの商品も同じなのです。

求めているのは、お掃除ロボットを使うことで「掃除の時間が節約できて、子どもと一緒に散歩に行けるとか、ママ友と女子会に行けること」です。

機能は関係ないのです。

話す時は、その話と相手の関係をつなげることが大切です。

相手との関係性をどう見つけ出すかです。

商品を語っても見つかりません。

まずは相手の話を聞くことで、「それはこの商品がピッタリ」というところに持っていけます。

1分しか話せないとしたら、50秒は相手に話させます。

その50秒間で、「子どもと一緒に遊ぶ時間がない」「犬の散歩に行く時間がない」という話を聞くのです。

これは配分の問題です。

切り口とは配分のことです。

いい商品ほど配分をしくじって、プレゼンで失敗するのです。

思わず動きたくなる話し方 05

機能より、
相手への効能を伝える。

06 相手にも、上司がいる。泣き落としでは、相手が困る。

すべてのことに、お金が絡んできます。
お金が絡むと企画は通りにくくなります。
つい目の前の相手を説得しようとしてしまいがちですが、相手の上には上司がいます。
その上司を相手と一緒になって説得するのです。
相手は企画を持ち帰って、社長を説得します。
求めているのは、社長を説得するための材料です。
それを間違うと、相手を説得にかかってしまいます。
最後は、「なんとかお願いしますよ」と、泣きが入ります。

ここでつい受けてしまって、社長に「かわいそうだから、この企画を通してあげましょうよ」と言っても通らないのです。

大切なのは、社長を説得するための具体的な材料を与えることです。

銀行に融資のお願いをする時も同じです。

銀行の融資のフォーマットは、A4で1枚です。

しかも、上の4分の1は判こを押す欄、2分の1は会社の情報、あとの4分の1は手書きの欄です。

勝負は手書きの欄で決まります。

手書きの欄に書くことは、数字で表現できないことです。

「こんなのはどうですか、こんなのはどうですか……」と、融資担当係が上司に説得しやすい材料を出していくのです。

私が代理店にいた時に、担当の人にプレゼンをする機会がありました。

大きな企業は末端の人にしか会えません。

「末端の人」→「その上司」→「その上司の上司」→「その上司の上司の上司」と、3段階上の上司まで上がっていきます。

実は3段階上の上司はすぐそばに座っているので、全部聞こえています。

リレーしやすい言葉のバトンを渡してあげることが大切なのです。

思わず動きたくなる話し方　06

相手が上司に話しやすいネタを提供する。

07
相手の予想を、裏切る。情報は、相手も知っている。

「面白そう」と感じるのは、初めて聞く話です。
そこにはサプライズが必要なのです。
情報化社会では、情報は誰もが知っています。
説得の苦手な人は、情報をあたかも自分だけが知っているかのように話します。
ネットの一番上に出ている情報、昨日のＴＶでやっていた情報を「知ってます？」
と、ビックリしたような顔で言うのです。
相手からは、逆に「この人、シロウトだな」と思われます。
相手の予想を裏切るには、相手の知らない話をすればいいのです。
それはネットで検索しても出てきません。

相手が何を知っているか、わからないからです。

ネットに出ている「誰も知らない秘密の話」は、相手も見ています。

相手が知らない話は、自分自身の体験です。

すべての人は、1人1人違う体験をしています。

「昨日、○○に行ってきた」という話は、誰も知らないのです。


情報化社会になればなるほど、情報と個々人の体験とのギャップが生まれます。

流れている情報は、ほとんどがコピペです。

誰かがネットで見た情報が、ネットにコピーされていきます。

量は多いですが、体験情報が極めて欠落しているのです。

体験量の多い人は、ネットには上げません。

体験量の少ない人は、コンプレックスから、「私はこんなに体験しています」ということを知ってもらいたくてネットに上げるのです。

レストランで料理の写メを撮ってインスタに上げる人は、そのレストランにあまり来ていない人です。

一見さんなので、裏メニューを出してもらえません。

裏メニューを出してもらう人は、それをネットに上げないのです。

ここで「芸能人が勧めるお店」という情報がウソだとわかります。

芸能人が教えるのは、自分では行かない、まあまあのお店です。

それが「芸能人がよく行くお店」として紹介されます。

自分のお気に入りのお店をネットでバラしたら、人が大ぜい来ます。

自分にも都合が悪いし、仲間にも申し訳ないのです。

「昨日○○というお店に行ったら有名人がいました」という体験は、いわゆる「有名人が通うお店」ではありません。

これがギャップです。

相手を説得するのは自分の体験です。

伝える力は、勝負がつきます。

ある同じテーマで伝えた時に、Ａさんは通らなくて、Ｂさんは通るのです。

Ａさんは、ネットで検索した情報を伝えました。

Ｂさんは、パソコンもネットも使えませんが、「自分はそこに行きました」という体験を伝えました。


情報よりも、実際の体験のほうが圧倒的に強いのです。

体験しているのに、それを言わないのはもったいないです。

体験の話は、誰も持っていない情報です。

それを伝えたら勝てるのです。


情報化社会で求められているのは、圧倒的に体験です。

体験は、ほかの人と違う、自分だけのものなのです。

思わず動きたくなる話し方　07

情報よりも、自分の体験を切り口にする。

第2章

構成で、伝える。

08 並列ではなく、直列で話す。「理由は3つあります」は、聞いてもらえない。

『朝まで生テレビ！』に何度か出演しました。

集中砲火を浴びてボコボコにされる人は、「理由は3つあります」と言う人です。

自分1人でする講演なら、それでもいいのです。

『朝まで生テレビ！』には大学の偉い先生たちが来ているので、大学の講演のつもりで話してしくじるのです。

『朝まで生テレビ！』は、スピード合戦です。

どちらかというと、クイズ番組のスピード感に似ています。

1回の発言は1個までです。

1回に3個言わないようにします。

説得力が出るのは、並列よりも、直列です。

「3つあります」と言われると、聞く側としてはめんどくさいです。

しかも、「一番大切なのは三番目」と言われます。

「それを先に言え」と言いたくなります。

相手をほめる時も、「お客様の素敵なところが3つあります」と言うよりも、「お客様の素敵なところは1つです。それはここです」と言うほうがいいのです。

一見、3つ言ったほうが効果があるように感じます。

名刺に肩書を3つ書いたほうが、「いろんな仕事をしていて凄い」と思われるのではないかと思います。

そんなことはありません。

逆に「1個で食べていけない人なんだな」と思われます。

成功している人ほど、肩書は短くなっていくのです。

「あなたは目と鼻と口がかわいい」と言われたら、「エッ、それ以外はダメなの？」

という気持ちになります。

1つの場合は、そういうことは起こりません。

「あなたは目がかわいい」→「目に吸い込まれる」→「目の中に海がある」というのが直列です。

直列つなぎで、どんどんフォーカスを絞ることで、相手に入っていくのです。

並列にすればするほど、数が増えて1個1個が浅くなります。

上っつらしか見なくなって、ほかの人と同じことを言ってしまいます。

一生懸命探して、キョロキョロしている状態です。

直列つなぎだから、相手をほめる切り口に説得力が出るのです。

思わず動きたくなる話し方 08

直列でほめよう。

09 「なんでも」より「これしか」が伝わる。

転職の面接で「今までどういう仕事をされていましたか」と、尋ねられます。

ここで、
①　１つの仕事しかしていない人
②　いろいろな仕事をしている人
の２通りにわかれます。

いろいろなことをしている人のほうがオールマイティーで有利かというと、そうではありません。

「スペシャリストじゃないな」と思われるからです。

欲しいのは、スペシャリストです。

「私はタクシー会社で示談しかやっていません」と言う人のほうが、雇ったら使えそうなのです。

ＴＶ局にはプロデューサーが何人もいます。

アシスタントプロデューサーとの分業制になっています。

その中には「お詫び係」の人もいます。

そういう人は雇われます。

お詫びに関しては、その人に任せられるのです。

「一応ひと通りの仕事はやっています」と言う人は、何のスペシャリストかわからないのです。

思わず動きたくなる話し方　09

「これしか」を言おう。

10 「違う」ではなく、「Aより、Bだ」で話す。Bは、対比のAを出すことでイメージが伝わる。

「○○は終わった」「○○はもう古い」「○○は違う」というのは、間違った伝え方です。

コメンテーターにもそういうタイプの人がよくいますが、説得力はありません。

ただグズグズ文句を言っているだけです。

「Aは違う」ではなく、「Aではなくて、Bだ」と言ったほうがいいのです。

たとえば、今はインバウンド４０００万人の時代です。

インバウンドの数を競う時代は終わりました。

次に何を競うかと聞かれた時に「これまでと違う何かですよ」と言っても説得力はありません。

聞き手が求めているのは、「違う」ということではなく、「次は何か」ということです。

それはインバウンドを5000万人、6000万人と増やすことではありません。

これからは数を減らして、来る人もサービスする側も誇りを持つようになる時代です。

日本に行くことを誇らしく思う外国人に来てもらうことが、受け入れる側も誇らしいと思える時代になっていきます。

「外国人が大ぜい来てイヤだな」から、「誇らしい」と思える時代に進むのです。

常に「AからBへ」という構成で考えることが大切です。

Bだけ言うと、何との対比かわかりません。

Aを置くから、Bの定義が決まるのです。

この構成で考えることが大切なのです。

思わず動きたくなる話し方 10

「AからBへ」で話そう。

11 「挑戦」の反対語は「アイデア」だ。

「挑戦することが大切」と、よく言われます。
間違ってはいません。
私は、挑戦はいっさいしなくていいと考えています。
挑戦よりも、アイデアを出して、それを実行することのほうが大切です。
ここで「挑戦」は精神論だとわかります。
「挑戦」は、講演の感想でも一番多く出てくる言葉です。
会社の会議でも、「チャレンジ」という言葉はよく使われます。
チャレンジも勇気もいらないのです。
大切なのは、「これをやってみよう」と思いついて、やってみることです。

「あそこの店は入ったことがないから、入ってみよう」

「これは頼んだことないから、頼んでみよう」

というのが、アイデアの実行です。

これが「人生の無料の宝くじを買う」ということです。

「挑戦」の反対語は「アイデア」です
「伝わる反対語」は辞書には載っていないのです。

思わず動きたくなる話し方　11

伝わる反対語を考えよう。

12 「①ツカミ・②ヒネリ・③オチ」の３段階で話す。

１分の話の中にも、３段階の直列の構成があります。

「ツカミ」→「ヒネリ」→「オチ」の順番で深めていくのです。

冒頭のツカミで、「あるある。そういうことある」と、共感してもらいます。

聞いたことのない動物を挙げて「〇〇っているじゃないですか」と言われても、共感性はありません。

聞き手は常に、「これはこういう話になるんじゃないかな」と、先を予想して聞いています。

その通りだったら、つまらないのです。

ここでゲームオーバーです。

「エッ、そんな展開なの」という意外性が、ヒネリです。

最後のオチで、「エーッ、そうなんだ」となるのです。

日本テレビ系「人生が変わる1分間の深イイ話」の人気コーナー「心に響く3行ラブレター」の構成もそうなっています。

「放課後の体育館の裏で、彼女にラブレターを渡した」というツカミで、「あるある」と思います。

「でも、断ってほしかった」というのが、ヒネリです。

「OKしてほしかった」と予想していたら、外れるのです。

「それは親友からの手紙だったから」というのがオチです。

ここで「そうか。なるほど」と思います。

オチは意外な「なるほど」です。

「○○とかけて、××と解く、その心は△△」という「なぞかけ」と同じです。

すべてのことは、「共感」→「意外性」→「驚き」という構成になっています。

最後がシュールな映画は、「いったいなんだったんだ?」と、ふにゃふにゃな気持ちで帰ることになります。
「こいつが犯人か。なるほどね」というのが推理小説の面白さです。
つまらない推理小説は夢オチです。
「なんだよ。６００ページも読んで損した」と思います。
最後が意味不明になってはいけないのです。

思わず動きたくなる話し方　12

共感・意外性・驚きの展開で伝えよう。

13 クレームの報告は、①事実、②現状、③今スグすること、を上司に報告する。

クレームを上司に伝える時にも構成があります。
①「こういうことが起こりました」と、事実を伝えます。
②「今、こういうふうに対応して、お客様にはこういうふうに説明しています」と、現状を伝えます。
③「これからすぐこのようにして、お客様にこういう対応をさせていただきます」と、今スグすることを伝えます。
「事実」→「現状」→「今スグすること」という構成で、上司に報告するのです。
失敗するのは、「大変申し訳ございません（お詫び）」→「まさかこういうことが起こるとは思ってもみませんでした（驚き）」→「私はちゃんとしていました。誰の責任か今探しています（自己弁護）」という構成です。

これでは何を言っているのかわかりません。

上司も不安になります。

保身にまわると、言い訳が始まります。

相手からも「この人、言い訳をしているな」と思われます。

言い訳を言う人から話を聞きたいと思う人はいません。

「お詫びが大切」というのは勘違いです。

お詫びをしても伝わらないのです。

思わず動きたくなる話し方 13

言い訳を、挟まない。

14 クレームのお客様には、理由より、解決策を伝える。「どうしたら」と聞くより、自分の「仮説」を出す。

クレームのお客様が聞きたいことは、たった1つ、解決策です。

これも1分で済みます。

話が伝わらない人は、「なぜこうなったか」という理由を言おうとします。

理由はいりません。

たとえば、高いハンバーガーを頼んだのに、安いハンバーガーを渡されました。

「高いのを頼んだんですけど」と言うと、「大変申し訳ございません。まだ新人でして」

と言われました。

先に言ってほしいのは、高いハンバーガーにかえてくれるのかどうかです。

「二度とこのようなことがないように伝えます」ではないのです。

お詫びも、「なぜこうなったか」も、いりません。

お客様が求めているのは解決策です。

間違った商品を出してしまったら、正しいものと交換すればいいのです。

その場で代替品を渡すことができない状況もあります。

ホテルの結婚式場で、オプションで頼んだ披露宴の録画が撮れていませんでした。

披露宴は一生に一度のことです。

当然、「どうしてくれるんだ」というクレームが来ます。

最もしてはいけない対応は、「どうしてくれるんだ」に「どうしたらいいですか」と聞き返すことです。

一見、低姿勢のようですが、代替案を考える姿勢が何もないのです。

クレームに対しては、「こうさせてください」「いや、それじゃダメだ」「だったら、こうさせてください」「いや、それでもダメだ」「だったら、これではいかがでしょうか」……と、無限に仮説を出し続けます。

実例を見たことがあるのですが、「ウワッ、この人偉いな」と、拍手したくなりました。

神々しいくらいです。

これが、お客様が一番求めていることです。

お客様に「どうしたらいいですか」と聞くのは、サービスではありません。

「お客様にそれを聞くな」という話です。

お客様に仮説を伝えることが、お金をもらっている側の仕事です。

お客様がその仮説を気に入ってくれるかどうかはわかりません。

それでも仮説を出し続けることが大切なのです。

思わず動きたくなる話し方 14

「たとえば、こういうのはどうですか」。

15 時系列より、相手の興味のあることから話す。

オジサンの話は時系列です。

「何から話せばいいかな。もともと、そいつと知り合ったのがね……」という話になります。

その長話はいらないのです。

本人は「ここから話さないと正確に伝わらない」と思いこんでいます。

逆です。

時系列の話は伝わらないのです。

時系列には優先順位がありません。

聞き手が求めているのは、優先順位です。

話し手は、自分の体験を時系列で話そうとしがちなのです。

たとえば、旅行に行ってきた人に、最初に一番面白かったところから聞くと、あとの話も面白く感じます。

これは「コンビニ理論」です。

コンビニに入る時は、普通はかごを持ちません。

ポテトチップスのコーナーに行くと、新商品が出ています。

「あっ、こんなの出たんだ」と、かごを取りに行って、新商品のポテトチップスを入れます。

ついでに、ほかのものも買います。

コンビニで、カルビーと湖池屋のポテトチップスがあんな面出しのいい位置で張り合っているのは、あれがあるおかげで、ほかの商品が売れるからです。

ほかの商品に比べて、ポテトチップスは新商品が出る率がはるかに高いのです。

夏場は「ガリガリ君」で、これが起こります。

1個買うものがあると、ほかのものも買いたくなるのです。

これは話を聞く時も同じです。

本も、読み進めていくうちに、「あっ、これ面白い」というところが出てきます。

そこで1回、線を引きます。

そうすると、次から次へと線を引くことになるのです。

脳に面白味を感じ取るスイッチが入った状態です。

伝えるためには、時系列で話すより、相手に興味のありそうな順番で話すほうがいいのです。

思わず動きたくなる話し方　15

面白いところから、話そう。

16

全部書き出して、並べかえる。捨てて、足りないところを埋める。

①　興味のある話を話す前に、まずは相手に伝える情報を全部書き出してみます。
書き出す前に話すから、訳がわからなくなるのです。
②　書き出したら、話す順番に並べかえます。
③　並べかえると、捨てるものが出てきます。
④　捨てると、つなぎが悪いところが見つかります。
ロジックの穴が見つかるのです。
そのロジックの穴を埋めるのが構成です。
勉強で言うと、復習です。
全部書き出すのは、メモです。

話をする時に必要なのはノートです。

並べかえて、捨てて、足りないところを埋めたものがノートです。

これがカンニングペーパーになります。
実際に、カンペはなかなか見られません。
カンペは、つくった時点で頭に入ります。
小さいスペースに凝縮している間に、要点が頭に入るのです。
ポケットにカンペを入れていたとしても、見なくて済みます。
見なくていいところまで行くのが、本当のカンペです。
これが伝わるということです。
まず大切なのは、伝える前に並べかえることなのです。

思わず動きたくなる話し方 16

伝える前に、並べかえよう。

17 論理的な話には、「でも」はいらない。

相手に伝わる話には、逆接の接続詞はありません。

すべてを「だから、だから、だから、だから……」と、つないでいます。

聞き手は、逆接の接続詞でブレーキがかかります。


1回クッションがあって、ひっかかってしまうのです。

1回でもブレーキを踏むと、ブレーキの踏みグセがつきます。

たとえば、高速道路で1台がブレーキを踏むと、そのうしろの全車両がブレーキを踏みます。

いわゆるブレーキ渋滞です。

これが頭の中でも起こるのです。

ブレーキが、会話における「でも」です。
話す時に「でも」が多い人がいます。
「でも」が口グセで、冒頭から「でも」で始まります。
何に対して「でも」なのか、わからないのです。
お客様の話に「でも」と言うのはＮＧです。
「でも」が２回出てくると、訳がわからなくなります。
話し手自身も混乱します。
聞き手はもっと混乱するのです。

数学の証明には、「でも」はありません。

「こうだから、こうだから、こうだから……、以上、証明終わり」という形です。
話し方・書き方の本に、「接続詞を入れるとわかりやすい」と書いてあるからです。
学校でも、そう教えています。
それで接続詞をたくさん入れてしまうのです。
私が本を書く時は、逆接の接続詞を全部取っています。

時々、編集者が接続詞を足してくることがあります。

私がどれだけ取っているのかという話です。

逆接の接続詞を入れなければわかりにくい文章は、文章自体を直します。

接続詞がなくてもわかる文章が、一番わかりやすい文章です。

会話の中で相手に反論する時に、「でも」にかわる言葉が「一方で」です。

「でも、こういう人にはどうするんですか」ではなく、「一方で、こういう人にはどうすればいいんでしょうか」と言うのです。

それは順接で受けています。

「でも」を使わなくてもわかる筋道で話すことが、並べかえるということなのです。

思わず動きたくなる話し方 17

「でも」なしでも
わかる筋道をつくろう。

18 料理は、３＋１で説明する。

わかりにくい料理の本は、説明が細かすぎます。

料理の本は台所でつくりながら読むので、あまり細かすぎると読みにくいのです。

料理番組に出演することになって、父親に「今度、料理番組に出るんですよ」という話をしました。

「何つくるの？」と聞かれて、「木の葉丼つくるんや」と言いました。

「簡単じゃ。こうして、こうして、こうしたらええねん」と教えてくれました。

３段階のステップで直列で話してもらえると、スッと入ってきます。

父親は「ただな、ここだけ気ぃつけとけば失敗ない」と、つけ加えました。

すべての工程は、「３＋１」で説明するとわかりやすいのです。

この工程が10段階になると、訳がわからなくなります。
ひどい時は、料理の本に「でも」が出てくることがあります。
「皮をむきます。でも、それは捨てないでください」と書いてあるのです。
「むいたということは、捨てということじゃないの？」と思います。
すでに三角コーナーに入れてしまって取り返しがつかなくなるのです。
話す時は、聞いたことを削除しなくても済むように話します。
1回聞いたことを削除するのは、めんどくさいのです。
手品にはタネとコツがあります。
「タネはこうで、コツはこうです」という伝え方が、頭に入ってきます。
料理の本も手品の本も、工程数の多いものは、まったく読む気が起きないのです。

思わず動きたくなる話し方　18

手品は、タネとコツを教えよう。

第3章

伝え方で、動きたくなる。

19 「早めに」よりも、「12時までに」と伝えないと、シンデレラは帰ってこない。

魔法使いのおばあさんは、シンデレラに「12時までに帰らないと魔法が解けてしまうからね」と言いました。

この時、「早めに帰らないと」と言っていたら、見ている側はドキドキできません。

シンデレラも「まだいいか」と思ってしまいます。

「今日中」でもダメです。

「12時」というのが、物語としてうまい設定です。

1時では1回鳴ったら終わりです。

12時だから、5秒ごとに鳴る「ゴーン」という鐘の音が12回聞ける尺があるのです。

「朝早く起きましょう」と言っても、相手にはまったく伝わりません。
「いやいや、８時には起きてますよ」と言われます。
その人にとっては、８時は早いのです。
「早い」には個人差があります。
９時でも10時でも、早い人には早いのです。
「夜明けまでに起きましょう」と言われても、どこが夜明けかわかりません。
夜明け前も、夜が明けて少し経ってからも、すべて「夜明け」です。
正解は「夜明け前に起きましょう」と指示することです。
人を動かすためには、締切の時間を伝えればいいのです。
「早めにお願いします」と言っても、人は動きません。
一番困るのは、「今日中に」と言われることです。
ＤＶＤレンタル店では、ＤＶＤの当日返却は次の日の何時までと決まっています。
「早めに」と言われたら、遅れます。
それではレンタルＤＶＤは成り立ちません。

「何時までに」と言われるから、自分の中で目標が決まるのです。

「今日中に」とか「なる早で」では、やる気は起こりません。

「今日中に」は、「明日、その人が会社に出てくるまでならいいんだよね」という解釈になります。

あやふやな言葉は拡大解釈されるのです。

拡大解釈はモチベーションを奪います。

それは伝えた側の責任です。

相手が動きたくなる伝え方をしていなかったのです。

何かを伝えるには、「伝える」→「伝わる」→「動く」の3段階があります。

相手が動くところまで持っていくことが大切なのです。

思わず動きたくなる話し方 19

締切は、時間を伝えよう。

20 「Aだと、こうなる。Bだと、こうなる」。好きなほうを、選んでもらう。

アドバイスをする時に、「Ａではなく、Ｂをしたほうがいいよ」と言っても、相手は動きません。

「そんなダメ男とは別れたほうがいいよ」と言うと、「でも、いいところもあるんです」と言われます。

「つき合ったほうがいいよ」と言うと、「でも、疲れました」と言うのです。

どちらを言っても動かないのです。

これは二流のアドバイスです。

「こんなものＢに決まっている。Ａをしたらダメだ」と言っても、言われた側は納得できません。

「あの人はああ言うけど、Aもありじゃないかな」と思うのです。

一流のアドバイスは、「Aをするとこうなる。Bをするとこうなる。どうぞ好きに決めてください」と言います。

「ダメ男とつき合い続けるとこうなる。別れたらこうなる」というのは、相談者はわかっていないのです。

決められないのは、どうなるかわからないからです。

聞きたいアドバイスは、このまま続けたらどうなるかです。

ここで「先生ならどちらを選びますか」と、言い始める人がいます。

そう言われても、「私はそれを決める立場じゃないから。あなたの人生だから」と、突き放します。

「仮に」と食い下がられたら、「僕はBですよ。でも、あなたの人生だから」と、やっぱり突き放します。

突き放して、初めて相手は動くのです。

自信のない二流のアドバイスほど、「これはこうに決まっている」と、言い切ってしまうのです。

思わず動きたくなる話し方　20

「こうすべきだ」と、言わない。

21 踏ん切りのつかない人には、オススメと逆のことを言う。

かたづけ士の小松易さんが、お客様に「お母さんの思い出の品を捨てるかどうか迷っています」という相談をされているのを見ました。

メモリアルなものは、とっておいても使わないし、家が散らかるだけです。

小松さんは「とっておきましょう」と言いました。

私はそれを横で聞いて、「これがプロのかたづけ士だな」と感服しました。

かたづけ士の仕事は、モノを片づけることではありません。

気持ちに踏ん切りをつけさせることです。

踏ん切りのつかない人に対して、私は「ダメ男とつき合っていると、この先、友達がいなくなるよ。仕事もクビになるよ。ホームレスになってウツになるね。それもいい人生だよね」と言っています。

自分の勧めたいほうと、逆を言うのです。

私は、それを子どもの時の妹とのパンの取り合いから学んでいます。

子どもの頃、母親は、おやつに、いつも違う種類のパンを２つ買ってきました。

普通は、きょうだいゲンカのもとになります。

私は、アンパンが食べたい時は「メロンパン」と言います。

妹は、「私もメロンパン。お兄ちゃんが選んだほうがいい」と言い出します。

「しょうがないな。じゃ、僕はアンパンでいいから、メロンパンもちょっとちょうだい」と言いながら、まんまとアンパンを食べることができるのです。

これを教えるために、母親は、敢えて種類の違うパンを買ってきたのです。

思わず動きたくなる話し方　21

勧めたいほうの、逆を言おう。

22 選択肢が３つになると、決められない。３択よりも、２択にする。

今は、商品のアイテム数が増えています。

増えれば増えるほど、選べなくなります。

選べないと、買うのをやめます。

「みんなはどうするんですか」「オススメは？」と聞いて、「１回帰って考えます」ということになるのです。

頭の中で決められる決断は、AランチとBランチという２択までです。

３択になると、目があちこち行って考えられなくなります。

３択で迷っている人に、「こんなのもありますが」と４択にするのは、逆です。

３択で迷っている人には、「これはあまりオススメしないですね」と言って、１個減らします。

３択を２択にするのです。

よかれと思って選択肢を増やせば増やすほど、相手は余計迷うのです。


もう１つ誘導するテクニックがあります。

オススメをあとに言うというテクニックです。

知らないうちに、みんな間違っています。

間違う人は、オススメを先に言ってしまいます。

「Ａがいいですよ。Ｂもありますけどね」と言うのです。

お客様が気になるのは、あとから言ったほうです。

印象はあとのほうが残るので、勧めたいものはあとから言ったほうがいいのです。

バレないように、ポーカーフェイスで言うのがコツです。

力を入れると、お客様は引いてしまいます。

「ま、こんなのもありますけどね」と、あとからフワッと軽く出すぐらいでちょうどいいのです。

思わず動きたくなる話し方　22

2択では、オススメを、あとに言おう。

23 フォーマットで説明しても、伝わらない。

私は相談者の目の前で、書きながらアドバイスをします。

あらかじめ書かれたフォーマットで説明されると、自分専用のアドバイスには感じません。

父親の担当医のお医者さんは、「肝臓がこんなふうになっておりまして」という絵を毎回描いてくれます。

しかも、ほぼ全身です。

前にも描いていただいたのに、申し訳ないのです。

コピーでも済むのに、「ここはこうなってます」「ここは肝臓です」「ここは胃です」と、説明しながら毎回描いてくれるのです。

これだけで、私はこの先生を信じます。

私も相談者の目の前で書いています。

相手が「でも、でも……」とグズグズ言う時は、「ゴメン、考えてみたら、やっぱりこれはないいな、余計なお世話だった」と言って、目の前で書いた紙を破ります。

「破っちゃうんですか」と、ビックリされます。

これで印象に残るのです。

学校の授業では、先生が黒板に書いたものを「これはもう消していいですね」と言った瞬間、それまでサボっていた生徒が慌ててメモし始めます。

聞き手が一番一生懸命メモするのは、書いたものを消す時です。

こういうテクニックもあるのです。

思わず動きたくなる話し方　23

伝えたいことを、消そう。

24 上から言われたことより、自分がやりたい気持ちを伝える。

私は雑誌のインタビューを受ける時に、「狙いはなんですか」と聞きます。

私も取材する側にいたので、できるだけ協力してあげたいのです。

気持ちが動くのは、その人が自分の興味で企画をつくって会いに来たことがわかる時です。

「時間延長してでも、この人に協力してあげたい」「たくさん話をしてあげたい」と思うのです。

「この人自身はあまり興味はないけど、上から言われて来たな」

「この企画はこの人がつくったのではなくて、上の人がつくったな」

「サラリーマンだから、生活のために来たんだな」

と思った瞬間、話す気はまったくなくなります。

それは話してみるとわかります。

自分の興味からスタートしていない人には、なんの熱意も感じられないのです。

最初は仕事として来た人でも、「すみません、個人的なことを聞いていいですか」と言われると、もっと話してあげたくなります。

「今回の企画はこういう企画です。あと、編集長にこれを聞いてこいと言われたんですけど」と言われたら、話す気がなくなります。

仕事として来た人には、こちらも仕事として話します。

人間と人間との関係にはなりません。

役目で接する人には、相手も役目で接します。

そうなると、よそのインタビューでも話しているネタしか出なくなるのです。

「仕事と全然関係ないのですが、個人的なことを聞いていいですか」と言われると、よそで話していないことも話したくなります。

出版社は、「社内でこう言われて」とか「営業がこう言ってきて」と言う人が多いのです。

ビジネスとして売らなければいけないのは、よくわかります。

趣味やボランティアではないのです。

ただし、「営業のデータ的に売れるもの」という形になると、すでに売れているもので、よくある企画しか出てこなくなります。

「個人的に、こういうことで困っていて」というのは、売上データはまったく関係ないのです。


企画を出す側には、誰に持っていくか迷っている企画があります。

持っていく人は、常に決まっています。

それは個人を出してくる人です。

個人を出してきたら、こちらも個人を出してしまいます。

「企画について話してあげよう」ではなく、どちらかというと、「しまった。話しちゃった」という形になるのです。

営業で来るのは悪いことではありません。
営業的に来たら、営業的に接します。
個人的に来たら、個人的に接します。
それだけのことなのです。

思わず動きたくなる話し方　24

役目としてではなく、
1人の人間として話そう。

25 名詞より、動詞で話す。体言止めにしないで、動詞で終わる。

会話は、「名詞で話す」か「動詞で話す」かの違いがあります。
相手を動かしたいと思ったら、動詞で話したほうがいいのです。
体言止めでは、会話は伝わりません。
「勉強」「努力」「一生懸命」「挑戦」という単語では伝わらないのです。
大切なのは、「何をする」という動詞で語ることです。
私の本も、各項目の見出しは動詞になっています。
ＪＲ東海の観光客誘致のキャッチコピー「そうだ　京都、行こう。」と同じです。
「そうだ　京都」では、誰も行かないのです。
強いのは、「行こう。」という動詞です。

あのコピーはプロでないと書けないのです。

「秋の京都」と書いても、「秋の京都」が浮かぶだけです。

大切なのは、京都をほめることではなく、「行こう。」というところです。

伝える時は、動詞を入れることです。

英語の勉強で、英語ができるようになる人と、そうでない人とにわかれます。

わかれ目は、名詞から覚えるか、動詞から覚えるかです。

名詞から覚える人は、なかなか英語ができるようになりません。

英語ができるようになるのは、動詞から覚えた人です。

英語は動詞が中心で、日本語は名詞が中心です。

つい名詞の単語のほうを覚えたくなります。

名詞を覚えても、向こうは動詞で来るので、会話にならないのです。

名詞は類推もききません。

「Japan ○○ U.S.A」という英文の「○○」という動詞がわからなければ、どちらが勝ったのかわかりません。

「explode」という動詞がわかれば、名詞がわからなくても、何かが爆発したことはわかるのです。


具体的に動いている人の会話は、動詞が多いです。

動かない人は、名詞と形容詞が多くなります。

すぐれたコピーは動詞です。


形容詞は、ほとんどありません。

本のタイトルも、たとえば『健康になるブロッコリー』より『ブロッコリーで健康になる』というタイトルのほうがいいのです。

欲しいのは健康であって、ブロッコリーではありません。

ブロッコリーをいくらほめても仕方がないのです。

指示代名詞もあやふやで、「じゃ、そんな感じで」と言われても、なんのことかわかりません。

結局、動けないのです。

オジサンは指示代名詞が多いのです。

自分では、言ったつもりです。

聞いている側は、何を言っているかわかりません。

言っている側もあやふやです。

指示代名詞は、具体的な言葉に置きかえていくことです。

なんとなく雰囲気で「それ」と言ってしまうと、あやふやになってわからなくなるのです。

思わず動きたくなる話し方　25

指示代名詞を、使わない。

第4章

負けて、勝つ。

26

議論に負けて、実をとる。

伝えようとしてしくじる人は、議論に勝とうとしています。
議論は手段です。
いつの間にか、手段が目的化してしまうのです。
議論に勝つと、相手から「わかりました」と言われます。
だからといって、実際に動いてくれる訳ではありません。
議論に勝ったのは、ただ説得しただけです。
説得では人は動きません。
納得して初めて動くのです。
議論では、むしろ負けていいのです。

特に、上司には、これが必要です
上司には上司としての体面があります。

議論になったら、勝ちたいのです。

オジサンは勝ち負けにこだわります。

「議論に負けるぐらいなら、死んだほうがマシ」という人たちです。

オジサンに限らず、世の中の人はみんな議論に勝ちたがっています。

議論に勝ちさえすれば満足なので、「あとはあなたにお任せします」と実が入るのです。

議論に勝たせることが、伝えて動かすためには大切です。

これが「負けて、勝つ」ということです。

議論に勝つことを求め始めると、失敗するのです。

途中で相手が自分の意見をとってしまうことがあります。

その時に「それは私が言ったことなんですけど」と言うと、相手はムッとします。

自分が負けたように感じて、納得できないのです。

たとえば、相手は「A」と言って、自分は「B」と言ったとします。

ここで「やっぱり○○さんがおっしゃったように、B案がいいですね」と言うのがコツです。

これで相手は「勝ったのかな」という気持ちになります。

大切なのは、議論で勝つことではありません。

相手に「勝った感」を持ってもらうことなのです。

思わず動きたくなる話し方　26

議論の勝ちは、相手に譲ろう。

27 敗北宣言をすることで、伝わる。

伝え方の下手な人は、勝ちたいと思っている人です。

勝つことよりも、実をとることのほうが大切なのです。

関西人は、土下座で話が通るなら、いくらでも土下座ができます。

土下座に抵抗を感じるのは、江戸の武士文化です。

野田秀樹さん脚本・演出の『研辰（とぎたつ）の討（う）たれ』という歌舞伎があります。

先代の中村勘三郎さんの舞台で、武士に「土下座しろ」と言われて、「土下座で済むなら何回でもさせてもらいます」と言うのです。

あれは関西人の感じがよく出ていました。

これが伝えるということです。

ＴＢＳテレビ「日曜劇場『半沢直樹』」は武士社会を描いています。
香川照之さん演ずる悪役が、土下座にあれだけ抵抗するのは、江戸文化です。
関西人は、第１話の冒頭から土下座しています。
「頭を下げたらフケが落ちるから、一石二鳥」というのです。

思わず動きたくなる話し方　27

議論で白旗を揚げよう。

28 学んでいる人間は、毎日、驚いている。

伝え方の苦手な人は、勝ちに行っています。

「凄いだろう」と、驚かせたがっているオジサンが浮かびます。

それに対して、たいしたことなくても驚いてあげればいいのです。

女性は、うまいです。

女性同士では、たいしたことなくても、みんなで驚き合っています。

実際に驚いている訳ではありません。

あれは「驚いておいて丸くおさめる」というチームプレーです。

男性社会は、驚いたら負けです。

自分は驚かないのに、人は驚かせたいのです。

たとえば、誰かをおいしいものを食べに連れていった時は、「こんなおいしいもの食べたことない」と、驚いてもらいたいのです。

自分が連れていかれた時は、本当は驚くぐらいおいしいのに、意地でも驚かないのです。

人を驚かせるには、まず、自分が驚くことです。


講演のアンケートでも、「今日は先生の話を聞いて驚きました」と書かれていたら、いい印象が残ります。

「今までしていたのと真逆でした」

「今日から変えます」

「今までの人生を返してほしい」

「これを20代で聞きたかった」

「30年返せ」

と言うのが、驚いている人です。

もう一方で、「私が常日頃考えていたことの背中を押してもらった思いです」と書く人がいます。

「驚いたら負け」と思っているのです。

いったい何に抵抗しているのでしょうか。

これでは話した甲斐がありません。

その人が思っていたことを上乗せして話しただけになるからです。

学んでいる人間、成長している人間は、毎日驚いています。


私は花岡浩司先生にダンスを19年習っています。

いまだに、毎回驚いています。

「ということは、今まで右と思っていたんですけど、左じゃないですか」と言うと、

「左だよ」と、スルッと言われます。

「なぜ今になってそれを言う」と思うぐらいです。

ここまで来たからわかることがあるのです。
私は毎レッスン「今日は画期的だった」と思っています。
画期的なことに出会うと、「エッ、そうなの？　逆なの？」と思います。
それが驚くということなのです。

思わず動きたくなる話し方　28

驚くことに、出会おう。

29 まず自分が、驚かないと、人を驚かせられない。

講演で「女性のプレゼントには値段はまったく関係ありません。大切なのは回数です。１万円のものを1回より、１００円のものを１００回のほうがいい。値段が高いモノほど、誰にもらったか忘れますよ」という話をしました。

会場の男性は、「今までしてきたことはどうしてくれるんだ」と、どよめきました。

女性からは、「その通り」と、笑い声が起こりました。

ある男性が「私があげた30万円のバッグを女性は覚えてないんですか」と言いました。

私は「一晩は覚えています。明けると誰からもらったかわからなくなって、自分が買ったのかなという気持ちになります」と言いました。

またもや、男性からざわめきが起こりました。

「学ぶ」「成長する」「生まれ変わる」は、すべて「驚く」ということです。

驚きの大きい人ほど、成長しています。

感想でも、驚いている人は刺さった人です。

「大変ためになりました」「参考になりました」では、生まれ変われないのです。

それは自分の根本をひっくり返していないからです。

マジシャンで成功する人は、自分がマジックにかかる人です。

ファッションデザイナーのコシノジュンコさんは、いつも人にサプライズを仕掛けます。

自分にサプライズをかけられると、コロッとひっかかります。

サプライズにかかるのは、自分も人にサプライズをかけているからなのです。

思わず動きたくなる話し方　29

まず自分が、驚こう。

30 即答できないところは、「そこなんです。ご意見をいただけますか」。

話をする時は、「相手にツッコまれたら負けだ」と考えないことです。

ツッコまれたら、心の中で「よし！」と思えばいいのです。

たとえば、プレゼンをしました。

そこで「これはどうするんだ」というツッコミがなければ、そのプレゼンはボツです。

ツッコむのは、実現しようとしているからです。

「いいプレゼンでした」と言われたものは、結局ボツです。

「反応よかったのに」「特に何もツッコまれなかったのに、なんでこれがボツなんだ」と思う人がいます。

本当は逆です。

ツッコまれることが、聞き手が本気になっている証拠です。

ディーラーで車を見ていて、「別売の消耗品には何と何があるんですか」と聞く人は、買おうと思っている人です。

有料のものは、支払いを考える時に大切になるからです。

「これ、消費税はどうなってるんですか。何がオプションで何がオプションじゃないんですか」と、凄く真剣に聞きます。

「いい車ですね」と言う人は、ただ車を見に来ただけです。

「ああ、いい車ですね」と、乗り心地を味わいに来ただけで、買う意思はまったくありません。

買おうと思った瞬間から、真剣になるのです。

「こういうことが起こったらどうするんだ」とツッコまれた時に、チャンスボールを逃さない人は「そこなんですよ、○○さん。どうしたらいいと思います?」と、アイデアを求めます。

「たとえば、こういうのはどうですか」という提案を聞いて、「なるほど、それはいいですね」と答えると、相手はツッコんだかいがあったと満足します。

相手は「どうするの？」「そこを考えておかないと」と指摘しただけです。

プレゼンをする時は、わざとノーガードのスキをつくって、そこを突かせるという用意を最初からしておくことです。

時には、不意に突かれることもあります。

準備していないところでも、「そこなんですけど、○○さん、どうしたらいいと思います？」と、相手に意見を求めればいいのです。

「ここは、ご意見をいただきたいところなんです」「そこ、相談しようと思っていたんです」「そこは気づかなかった。困ったな。いい企画だと思ったのに、何かありませんか」と言って頼ります。

これが、「負けて、勝つ」です。

勝つことによって、相手は満足するのです。

企画を聞いて、単に「ＯＫ」と言うと、相手の中に仕事してない感が生まれます。

自分が頼ることで、相手に仕事をさせてあげればいいのです。

これはお客様でも同じです。

商品について「もっとこうしたほうがいいんじゃないの？」と言われたら、「それ、気づきませんでした。今日から早速していいですか」と言います。

そうすれば、お客様は「自分の意見が役に立った」と満足するのです。

思わず動きたくなる話し方　30

相手の意見として、まとめよう。

31 反対意見のある時は、「教えてください」。

相手から「それは違う」と反論された時、伝わる人は、「そうか、そういう考え方があるんですね。教えてください」と言います。

伝わらない人は「いや、そんなことはありません」と言います。

相手は「自分のせっかくのアドバイスをムダにされた」と、ムッとします。

相手が求めているのは、自分の意見が通ることではありません。

自分の意見が役に立つことです。

中には、極論を言う人もいます。

「ありますね。そういう時はどうしたらいいでしょう。教えてください」と言うと、必ずしも相手から解決策が出るとは限りません。

聞く側は、反論するのが仕事だと考えているからです。

反論は、とにかく全部出してもらい、相手の中に残さないことです。

共同作業で何かしたいのです。

聞き手は淋しいのです。

自分も何か仕事をしたくて、重箱の隅をほじくるようなことをします。

これは日本人だけではありません。

アメリカの法律家や行政官僚はＡ４の１枚に３００ツッコむと言われています。

ツッコミで仕事した感が出るからです。

聞き手に仕事をした満足感をもってもらうことです。

思わず動きたくなる話し方　31

反論を出し切ってもらおう。

32 相手に言い訳を言わせて、安心させる。

相手の言い訳は、叩きつぶさないことです。

「それは言い訳だよね」と叩きつぶすと、相手は逃げ道がなくなります。

相手に逃げ道をつくってあげることで伝わるのです。

これが「負けて、勝つ」です。

敢えて逃げ道をふさがないで、「こっちへ逃げそうだな」と逃がしてあげることで、その話はまとまるのです。

相手の意見を全滅にすると、必ず恨みが残ります。

議論では、恨みを残さないことです。

むしろ「キツいことを言いすぎたかな」と、若干の憐憫(れんびん)を残すぐらいがいいのです。

1本の企画を通すために、「覚えてやがれ」というマイナスの印象を与えるのは負債が大きすぎます。

未来をつぶしてしまうからです。

それには、必ず報復があります。

その報復は、今のメリットよりもっと大きなデメリットになります。

相手が「すみません、これ、言い訳になるかもしれないんですけど、実はこうだったんですよ」と言う時は、「そうか、それは仕方ないね」と、言い訳をのんであげます。

そうすると、相手は安心します。

「あるよね、そういうこと」と言われると、「私は悪くないという言い訳を納得してもらえた」と、初めてここからアドバイスを聞く余裕が生まれます。

「それは言い訳だろう」とつぶされると、安心感が生まれません。

相手が聞く耳を持つためには、安心できる状況が必要です。

自分が言い訳をする時は、「すみません、言い訳を言っていいですか」と、最初から言います。

自分から言うと、さわやかです。

「これ、言い訳じゃないんですけど」という言い方で、相手はカチンと来ます。

最後に「今のは言い訳です」と言うと、相手は「なんで堂々としてるんだ」と受け入れます。

「それは言い訳じゃないか」と言われたら、「言い訳です」と言うのです。

言い訳をお互いに吐き出したあとで、初めて仲よくなれるからです。

言い訳はガマンしないことです。

反論と同じです。

言い訳も、早く全部吐き出してもらうことが大切なのです。

思わず動きたくなる話し方　32

言い訳は、自分が言うのではなく、相手に言わせよう。

33 相手が話し始めたら、途中でも止める。

自分が話している最中に、相手が割って入ることがあります。

「ちょっと待ってください。私が今、話していますから」というのが、よくあるパターンです。

相手が話し始めたら、パッと止めると、次から相手は割って入らなくなります。

「ちょっと待ってください。私がまだ話してますから」と言うと、今度、自分が割って入ろうとした時に、「さっき、あなたもそう言いましたよね」と、相手が同じ手を使います。

黙って聞いたほうが、いつ割って入っても相手は聞いてくれるという安心感を相手に与えます。

話が決裂するのは、ワーッと2人が同時に話し続ける状態です。

相手がひと言でも話し始めたらプツッと止めて無言になると、「この人はいつでも私の話を聞いてくれる態勢でいるんだな」とわかります。

これがなかなかできないのです。

「ここでやめたら負けだ」「ここまで言わせてくれ」と考えるからです。

「今は話の途中で、ここまで言わせてもらわないと自分の意見が通じないから」と言う人がいます。

大切なのは自分の意見を通じさせることではありません。

メッセージを伝えることより、相手に安心してもらうことです。

「この人なら任せて大丈夫」という状態にすることが、伝わるということなのです。

一番ベストな伝わり方は、話を聞かなくても「○○さんに任せます」と言われることです。

私は広告代理店で仕事をしていた時、「遅れるから、先に始めておいて」と先輩に言われて、先輩のかわりにプレゼンを始めました。

すると、得意先の人がいきなり下ネタを振ってきました。

「いつもこんな下ネタを話す人じゃないんだけど」と思いながら、話している時に先輩が来て、

「おまえ、お得意先になんの話をしてるんだ」と怒られました。

プレゼンの結果は、「企画は中谷さんにお任せします」となりました。

振られた下ネタを否定しないことで、相手は満足なのです。

下ネタを否定されると、拒否されたという感じが残ります。

一番のベストは、企画書も読まないで「あとは任せます」と言われる状態を目指すことなのです。

思わず動きたくなる話し方 33

「最後まで、聞いてください」と言わない。

34 自分のアイデアのデメリットを、相手に言われる前に、自分で出し切る。

提案者はどうしてもメリットを語りたいのです。

デメリットは語りたくありません。

デメリットを突かれるのはイヤです。

企画自体が、メリットよりデメリットが大きく感じられるからです。

相手は、メリットよりデメリットを心配します。

メリットよりも、「デメリットは何か」を聞きたいのです。

相手が納得するのは、メリットの大きさではありません。

デメリットを見える化したほうが、「この人はデメリットを先にたくさん言ってくれているんだな」と、安心するのです。

一番信用されないのが、「こんなに儲かるんです。デメリットはゼロ」「ノーリスク」という話です。

先に「リスクは、ここと、ここと、ここにあります」と全部出してくれると、「リスクはあってもこれだけなんだな」と、納得できます。

将棋と同じです。

「自分ならここを打たれたらイヤだな」というマス目は、先に自分が打ちます。

そこが空いているから、相手に打たれるのです。

相手は、メリットは探していません。

話を聞きながら、「デメリットはどこか」と、ずっと探しています。

相手が「よし、これ、やってみよう」と思うのは、「デメリットはこういうところがあります。そうなったらこうしましょう」と言われた時です。

提案をする時は、まずデメリットを言うことが大切です。

お金を借りに行く時は、「ほかに借金はこれだけあります」と正直に言うと、金融機関に信用してもらえます。

たとえ内緒にしても、金融機関が調べれば、ほかでどれだけお金を借りているかはわかります。

あとから別の借金がわかると、「デメリットを隠していた」と信用がなくなるのです。

思わず動きたくなる話し方　34

メリット・デメリットの表をつくろう。

35

交渉が、決裂したところから、始まる。

伝わらない人は、交渉が決裂するのを恐れすぎです。

交渉は、決裂したところから始まります。


たとえば、「ホテルに行こう」と誘って、女性に「今度ね」と言われます。

その時に「そうですか」と、交渉決裂でガッカリする人がいます。

「○○さんのこと、そんなふうに見てなかったし」と言われた時に、「そうですか。じゃあ、いいです。お疲れさま」と言うと、次から何もありません。

断られて男性が諦めると、相手の女性は「なんだ、もう帰るの？　断られてやめるくらいなら、最初から誘わないでよ」と考えます。

交渉は、断られたところからのスタートだからです。

「そんなふうに見てなかったから」と断られたら、「じゃあ、これから少しずつそんなふうに見てもらいましょう」と、いくらでもスタートラインはあります。


よく新聞で「アメリカと中国が交渉決裂」と出ていると、「大変な戦争になるんじゃないか」と心配する人がいます。

交渉が決裂しても戦争にはなりません。

「交渉決裂で大変なことが起こる」と考えるのが、伝わらない人の弱いところです。

「決裂」と書いて「スタート」と読みます。

これが「負けて、勝つ」です。


海外のお土産物屋さんで買い物する時も、「帰れ帰れ」と言われたところから値段交渉が始まります。

出口で「ミスター、ミスター」と、必ず呼び止めるという仕組みになっています。

交渉決裂は、始まりのセレモニーなのです。

思わず動きたくなる話し方　35

交渉決裂を、恐れない。

第5章

話し方で、伝わる。

36

静かに入って、テンションを上げていく。

1分の中でも、話し方のテンションにはコツがあります。

「静かに入る→徐々に上げる→静かに終わる」というテンションが、相手に入る話し方です。

冒頭から勢いよく出るタイプは、聞く側の耳のボリュームを下げてしまいます。

相手との距離感が離れてしまうのです。

伝え方のうまい人は、静かに話し始めます。

そうすると、聞いている側が耳のボリュームを上げて前へ寄っていきます。

そこからどんどんテンションを上げ、最後もシュッとまた静かに終わるのです。

「これを話したい」と強く思っている人は、冒頭からガンと出たり、上がっていたテンションを止められないでバーッと振り切って終わります。

それでは、話している側はハイテンションでも、聞いている側のテンションが下がります。

落語の達人・笑福亭鶴瓶師匠は、古典落語のほかに、鶴瓶噺という体験のフリートークもされています。

私が「落語と鶴瓶噺は、話し方に違いがあるんですか」と楽屋でお聞きしました。

「落語は、冷静でないとあかんねん」と教えていただきました。

落語は、テンションの上がっているところも客観的に冷静に話す必要があるのです。

感情移入している自分を客観的に見て、ブレーキをかけるのです。

怪談の達人・稲川淳二さんの怪談も話し始めが小さくゆっくりです。

話し始めはゆっくりで、怖い展開になると、どんどんテンポが上がります。

これが怪談の話し方のコツです。

テンポが少しずつ速くなると、聞き手はそれについていこうとして、どんどん話に引き込まれます。

最初から速いテンポで話すと、聞き手はその話に入っていけないのです。

思わず動きたくなる話し方 36

感情移入しながら、酔わずに話そう。

37 一文を、短く切る。

話す時でも、一文を短くします。

伝わらない人の話は、「～で、～で、～ですが、～なんですけども……」と、どこまでも読点だけが打たれて、文章が切れません。

そうすると、聞いている側はロジックを構成できません。

数学の証明と同じです。

短い文章を積み重ねていくことが大切です。

テンションが下がっている時は、文章がどうしても長くなります。

調子のいい時は文章は短くなります。

私の文章は、ゲラで直していく段階でどんどん短くします。

時々、わざと短く切っているのに、また長くつなげ直されることがあります。

リズム感は、短い文章の積み重ねで生まれるのです。

バロックの宗教音楽はリフレインです。

短いモチーフのリフレインで、どんどん神様のところに近づいていくような気分になれるのです。

チェンバロの曲は、短いモチーフをどんどん繰り返します。

近代で言うと、『ボレロ』です。

同じモチーフを繰り返すと、聞き手はどんどん引き込まれて高揚し、そこから離れられなくなります。

話す時も、一文をいかに短くするかが勝負です。

短くするとノンブレスで言い切れるので、聞き手の集中力が途切れません。

ブレスを挟まれると、そこで聞き手の集中力が途切れてしまいます。

プロのアナウンサーが聞きやすいのは、ノンブレスで話しているからです。

伝わらない人はブレスを入れるから、聞いていてわからないのです。

プロの歌手が人の心に訴えるのは、鍛えてノンブレスで歌っているからです。

オヤジのカラオケが聞き苦しいのは、ブレスがブチブチ入る歌い方をしているからなのです。

思わず動きたくなる話し方 37
「○○ですが、〜」と、つなげない。

38
書き言葉より、話し言葉が伝わる。

強いのは、「書き言葉」より「話し言葉」です。
たとえば、「そうだ　京都、行こう。」は、「京都行くべし」とは言っていません。
「京都、行こう。」は、話し言葉です。
童謡も、昔からずっと伝わる格言も、話し言葉です。
伝わらない人は、話していることが書き言葉になっています。
熟語が多いのです。
熟語は、中国語なので外来語です。
話し言葉は、平仮名の大和言葉です。
話す時は、音読みより訓読みのほうが伝わります。

思わず動きたくなる話し方　38

音読みより、訓読みで話そう。

音読みは、似た言葉がたくさんあり、頭の中で1回漢字に置きかえる必要があります。

大和言葉は置きかえなくても、すっとそのまま意味が入ってきます。

外来語である熟語は、英語と同じなのです。

耳に入る言葉は、常に音読みより訓読みにすることです。

CMをつくる人間は、コピーを書く時に、必ず耳で聞いてわかる言葉にします。

文章を書く時も同じです。

「中谷さんの文章は声が聞こえてくる」と言われるのは、読んでわかる言葉ではなく、耳で聞いてわかる言葉を書いているからです。

常に、今自分の話していることが音読みになっていないか振り返ってチェックすることが大切なのです。

39 紙を見ない。

ＴＶのコメンテーターは、「話が伝わってくる人」と「いいことを言ってるのに、伝わってこない人」とに大きくわかれます。

話が伝わってくる人は、目線が水平から下に落ちません。

話し手の目線が水平から下に落ちると、「今、原稿を見たな」「台本を見たな」「自分のメモを見たな」と、見ている人はそのメモを見てしまいます。

話し手から目が離れるのです。

話す時は、目線を水平より下に落とさなければいいのです。

まじめな人は、「次、何を話そう」と、つい下を見て確認してしまいます。

それで、その後はまったく聞いてもらえなくなります。

下を見ない。

思わず動きたくなる話し方　39

プレゼンは、メモを用意していても見ないことです。
メモを見た瞬間に聞き手のテンションが切れます。
聞いている側は、話し手がメモを見るとダンドリを感じるのです。
聞く側は、ダンドリが嫌いです。
アドリブが好きなのです。
私は２時間の講演をする時、バインダーに入れてレジュメを持っていきます。
２時間の講演中、一度もバインダーを開きません。
話す内容は、すべて頭に入っています。
「今日、持ってきた話とまったく違う話をしちゃった。でも、いいよね」となると、
聞いている側は得した感があるのです。

40 数字は、2ケタまで。

話の中で数字を言う時は、最初の2ケタまでにします。
それ以上細かい数字を言うと、正確でも聞き手の頭に入ってきません。
伝わらない人は、「あの人、あんなに細かく知ってるんだ」と尊敬される気がして、
つい小数点以下まで言ってしまいがちです。
数字は、2ケタ以上は四捨五入して話せばいいのです。
5678なら5700です。
一方で、**固有名詞はフルで言う必要があります。**
アナウンサーは、むずかしい名前や用語、外国人の名前をスラスラ言えます。
これはアナウンサーの誇りです。

固有名詞は、フルでスラスラ言おう。

思わず動きたくなる話し方　40

固有名詞はミドルネームも入れてフルでスラスラ言えることが大切なのです。

話す時は、数字は2ケタまで、固有名詞は

わざと省略では言いません。

これは事前に練習しておくのです。

熟語で10文字以上になるような法律の名前を、かまないでスラスラ言うだけで説得力が出ます。

イギリスやフランス以外のヨーロッパの聞き慣れない国の名前もスラスラ言えます。

ミドルネームの入った3ブロックの名前も、アナウンサーはスラスラ言えます。

「そこだけはフルネームで言いたい」と、事前に練習しているのです。

41 準備するから、アドリブのように話せる。準備して、アドリブのように話す。

よく「あの人はアドリブで話しているよね」と言われる人がいます。
アドリブのように話すためには練習が必要です。
話芸の達人・古舘伊知郎さんは、アドリブに聞こえるまで練習します。
「練習してきたな」と思われる話は面白くありません。
練習はあるところを越えると、アドリブに聞こえるようになります。
これが本当の練習です。

「あの人、なんかダラダラ話してるじゃん」と言われる人も、練習しているのです。

たとえば、奇人役の達人の俳優・佐藤二朗さんです。

佐藤二朗さんは、アドリブのように話している時でも、いつも台本通りです。

これは演技力が求められます。

アドリブに聞こえるまで練習しているのです。

台本が見えてしまう人は、台本がこなれていないのです。

話し手が理路整然と話すものは面白くありません。


「昨日ね、面白いことがあってね」と、1回目に話した話が一番面白いのです。

2回目からは、話が整理されて面白くなくなります。

勢い感がなくなってくるのです。

ただし、かんではいけないのは決めゼリフです。

短いキーのコピーだけはかまないように練習しておいて、あとは少々かんでもいいのです。

ほかのところを練習して、キーのコピーだけかんでしまうという失敗が一番相手には刺さらないのです。

思わず動きたくなる話し方　41

決めゼリフで、かまない。

第6章

伝え方で、好感度を上げる。

42 相手の名前を呼ぶ。好感度が上がれば、伝わる。

好感度を上げるためには、伝わっただけで終わらせないことです。

次の話は聞かなくてもＯＫとなることを目指します。

「伝わって相手を動かした」を、毎回しているようでは不十分です。

たとえば、前回のプレゼンで、お得意先が納得しました。

その企画を実行しました。

次からは「もう話を聞かなくても、お任せします」と、お得意先に言われるようになりました。

今回の話がうまくいくかどうかは、「前回の好感度」の勝負です。

前回の好感度が下がっていると、今回はきつくなります。

論破していたら、報復から始まります。

今回、納得して動いてもらうだけで終わりではありません。

目指すのは、もっと上です。

好感度を上げるところまで行きたいのです。

これはスポーツでも同じです。

サッカーの試合は、勝つのが目的ではありません。

「圧倒的な力量差で、このチームには勝つ気がしない」と、次からビビらせるところまでするのがスポーツです。

伝え方に関しては、「今回伝わるだけでなく、次回からは、もう○○さんにお任せします」となるのが目的です。

好感度を上げるコツは、話をしている時に、相手の名前を入れることです。

これは、お願いごとをする外国人に多いです。

たとえば、10時開店のお店があります。

店の中に人がいるのが見えます。

「10時からなんです」と聞いて、

「すみません、お名前は？」

「ミッシェルです」

「ミッシェルさん、ものは相談なんだけど、これから娘の結婚式に行くんですよ。そのための小物が必要で」

と、相手の名前を入れながら話します。

「すみません、ちょっとあけてもらえませんか。これがいるんですけど」と言うのとではまったく違うのです。

外国人は、相手の名前を聞いたら、間違えたりしながらも会話の中に入れます。

『セサミストリート』では、ビッグバードが、いつもフーパーさんの名前を間違えます。

「ルーパーさん」「クーパーさん」「クルーパーさん」と言ったりします。

『セサミストリート』では、会話の中で相手の名前を入れていくことが、コミュニケーションを円滑に進めるためには大切だと教えているのです。

私は子どもの時、『セサミストリート』が大好きで、相手の名前を入れることが凄く大切なんだと感じました。

相手が聞いていて一番心地いい言葉は、自分の名前です。

合いの手の中で「○○さん」と言うのが一番強いのです。

自分の名前は必ず聞いてしまうからです。

お医者さんが「○○さん、どうですか」と、患者さんの名前を呼んでくれるかどうかも大きいです。

病室を回る時でも、「いかがですか」と言うのと、「○○さん、いかがですか」と名前を呼ぶのとでは、聞き手の印象が違います。

相手の名前を挟むことで、好感度が上がるのです。

思わず動きたくなる話し方　42

相手の名前を挟もう。

43 「〇〇さんも、おっしゃったように」と、相手の名前を、入れる。

好感度を上げる話し方のコツは、「さっき、〇〇さんがおっしゃったように」と言うことです。

たとえ言っていなくても、相手は好感を持ってくれます。

私はサラリーマン時代に、会社でこのコツを学びました。

そうしないと、上司にツッコまれるからです。

たとえ言っていなくても、「いつも〇〇さんが言っているように」と入れると、上司は満足します。

相手の話を受けると、ツッコまれなくて済みます。

上司は、ひと言でもいいことを言いたいのです。

ひと言を言わせるチャンスをつくらないで逃げ回るから、つかまるのです。

これを「かまれる」と言います。

上司に「自分はいつもいいことを言ってるんだな」と安心感を持ってもらうことが大切なのです。

思わず動きたくなる話し方　43

相手の話を、受けよう。

44

「ムリです」より、「実現すると、面白そうですね」。

仕事がバリバリできる一流の社長ほど、「今度、こういうことをするぞ」と、いきなり言い出します。

こんなムチャぶりをされた時、「それはムリです」と言う人がいます。

ムリはわかっているのです。

それは正論です。

「ムリです」と言われた瞬間に、「この人に頼むのはイヤだな」と好感度が下がります。

「それはむずかしいですね」と言うのもＮＧです。

「それができたら面白いですね」と言う人は、相手の話をいったんのみ込んでいます。

「こういうのはどうか。できないか?」と言われた時に、「面白そうですね。なんかワクワクしますね」と言えることです。

社長はムリかどうかを聞いているのではありません。

可能性を聞いているのではなくて、「こんな話、どうだ、ワクワクしないか」という共感を求めているのです。

言われている側は、なんとなく可能性を聞かれたと勘違いしがちです。

大切なのは、言葉のどこを受け取るかが問題です。

たとえば、ある女性が義理のお母さんに「イタリアに行くのですが、お土産に何かいるものはありますか」と聞きました。

義理のお母さんは「お土産は別にいいから、あなたのいらなくなった化粧品とか洋服があったら、それでいいわ」と答えました。

その女性は長年勘違いして、「お母さんは、私のいらないモノが欲しいんだな」と思っていたそうです。

その解釈は間違いだと気づきました。

義理のお母さんは、化粧品と洋服が欲しいのです。

拾う言葉を間違わないことです。

「いらなくなった」はクッション言葉です。

「だって、『いらなくなった』と言ったじゃない」と言う人は、拾う言葉を間違えています。


上司がムチャぶりをしてきたら、ワクワクしてくれるかどうか、仲間を募っているのだなと考えればいいのです。

ここで、「面白そうですね」と言った人に、次から仕事が行くのです。

思わず動きたくなる話し方　44

ムチャぶりも、
いったんのみ込もう。

45 悪者をつくる話は、好感度が下がる。

好感度を上げるためには、話の中に悪者をつくらないことです。

これは、私が広告代理店で知らないうちに身につけたことです。

広告代理店は、悪者をつくるのはＮＧです。

何かをほめるために何かをけなすという話し方は、悪者をつくってしまうのです。

ＴＶのコメンテーターでも、常に何かを悪にして何かを善と言おうとしがちです。

ある時、ＴＶを見ていた人から、「中谷さんの話は悪者をつくらないですね」と感想をもらって、私は「悪者はつくれないんです」と答えました。

私は討論番組を見ていても、賛成と反対、どちら側の意見にも「たしかにそうだな」と納得してしまいます。

広告代理店は、どちら側の意見にもつくことができるからです。

相手側にも立てるということが、話を伝えていく上で大切なのです。

どちらが正しいかではありません。

どちらも正しいというスタンスです。

正しさの置かれている意味合いが若干違うだけです。

どちらが正しくて、どちらが間違っているという言い方ではなく、お客様と上司が言うことは、どちらも真っ当です。

どちらか一方が正しいのではありません。

クレームでも、筋道から外れたことを言う人は1人もいません。

すべての人に何かしらの筋道があるのです。

悪者をいかにつくらないで話していくかが大切です。

「あなた、こうしなくちゃダメよ」と言わないことです。

そうしないと「今までどうだったんだ」ということになります。

たとえば、ダメ男とつき合っている人に、「別れたほうがいい」とアドバイスしました。

「じゃ、今までの私はダメな人生だったの？」と聞かれたら、「いや、今までそれで勉強したことに凄く意味があった。彼より君のほうが成長したから、君は次のステップへ行こう」と言うことで、彼も悪者にしません。

時には、会社で人に辞めてもらわなければならないことがあります。

採用は簡単ですが、辞めてもらうのはむずかしいことです。

この時、相手を悪者にしないことです。

会社にとっても、その人がいたことはムダではありません。

その人にとっても今までその会社にいた時間はムダではありません。

それはそれでベストだったのです。

「今までもベスト、これからもベスト」と考えて、人生を歩んでいけばいいのです。

思わず動きたくなる話し方　45

悪者をつくらない。

46 「1分、いいですか」と始めて、50秒で終わらせる。

「1分、いいですか」と言うと、相手は断れません。

「今度、一席設けていただいて」と言うと、チャンスを逃します。

「1分、いいですか」と言って、50秒で話を終わらせます。

これがオシャレなのです。

そうすると、「あの人の話は、1分と言ったら、1分を守るどころか50秒で終わるよね」と好感を持たれます。

「すみません、ちょっと仕事を頼みたくて。相談なんですけど、もうここに名前を入れちゃってまして、こんな感じでお願いします。あとで読んでおいてください」と、短く言えばいいのです。

「ゆっくりお時間いただいて」と言う人は、企画書を読み上げ始めます。

書かれているものを読むのはまったくムダな時間です。

サービス精神があると、トゥーマッチになり、裏目に出るのです。

すき焼きと同じです。

デートで、お店の人から「追加のお肉は大丈夫ですか」と言われると、男性はいいカッコをしたくてお肉を追加します。

そうすると、おなかいっぱいになってしまうのです。

「食べすぎちゃった。気持ち悪い」と、ムダになるのです。

料理は、食べ始めると、脳の中で興奮が始まります。

おなかがすくのです。

私はお好み焼屋さんで育っています。

デートでお好み焼を食べに行った時、女性が「お好み焼、おいしいわ。もう１枚いけそうな気がする」と言っても、私は追加しません。

もう１枚焼き上がってくる頃には、おなかいっぱいになっているからです。

満腹感に時差があるのです。

満腹になったあたりで「ハイ、お待たせしました」と、追加のお好み焼が出てくると、あまり食べたくなくなります。

スピーチでも、「エッ、もう終わり？　もうちょっと聞きたい」というところで終わるのがコツです。

話す時間は、多ければ多いほどサービスというものではありません。

文章も、「もう終わり？」と思うところで、すっと終わらせます。

長いのは、話し手の自己満足です。

淋しがり屋の人は、長く話しがちです。

話し手が物足りないからといって話すのは、逆効果になってしまうのです。

思わず動きたくなる話し方　46

「もうちょっと、聞きたい」を残そう。

47 「結論から言うと」で話し始める。

好感度の上がる言葉は、「結論から言います」です。

こう言われると、聞き手は安心できます。

一番心配なのは、「どこから話せばいいかな。話せば長くなるんですが」と話し始めることです。

俳優の小倉久寛（ひさひろ）さんが、三宅裕司さんに「なんでそれをやったの？」と聞かれて、

「話せば長くなるんですけど」

「長かったら、いいや」

と言った、あのやりとりが仲のよさが出ていて好きです。

私は、「長かったら、いいや」という三宅さんの言葉が好きです。

「一言で言うと」「早速ですが」と入ってもらう話は、安心して聞けます。

前置きは、1分の話に邪魔になります。

1分の話がラクなのは、前置きがないことです。

聞き手が、「もっと聞きたいからもう1分」と延長するのはいいのです。

たとえば、カラオケは、最初に1時間とか2時間分の料金を払って、予定終了時刻の10分前に電話がかかってきます。

その時に「あと30分いいですか」と延長したりします。

カラオケでは、「あと10分でお時間です」と言われてからの10分が一番楽しいのです。

その瞬間に「あっ、あの歌を歌うの忘れてた」と、頭が回り始めるからです。

思わず動きたくなる話し方 47

「一言で言うと」で話し始めよう。

48 「むずかしくないです」と、最初に言う。

大阪の地下鉄を使う外国人観光客が増えています。

ある時、外国人が駅員さんに切符の買い方を聞いていました。

「すみません、チケット、これ」と外国人が指さすと、駅員さんの説明が「very easy」から始まりました。

私はこの駅員さんの説明は完璧だと思いました。

同じ説明でも、「これ、ちょっとむずかしいんですよね」と言うのと、「very easy」から入るのとでは、聞き手の印象はまったく違います。

私の父親も料理の説明をする時は、「簡単じゃ」から始めます。

説明の前に、「これは簡単です」と言われると、聞いている側は安心するのです。

世界一わかりやすい英語の授業の達人・関正生先生は、「ここはさらっと聞き流してもらって」と、最初に言います。

「話の峠はほぼ終わりましたから」と言われると、聞いている側は気持ちがラクになります。

説明が半分ぐらい残っていても、「話の骨子はほぼ終わっているので」と言われると、余裕が生まれます。

大切なことは、本当かどうかより、聞き手の余裕を生んであげることです。

たとえば、博物館の自動券売機は、館がたくさんあるので、何が常設展で何が特別展なのかがわかりにくいです。

日が差すと、反射で券売機の表示も見えにくくなります。

私も自動券売機は苦手です。

前で買おうとしている女性がモタモタしていました。

その時に、「これ、むずかしいんですよね」と言うのは、相手をフォローしているからいいのです。

やり方を聞かれて、必ず「これ、ちょっとむずかしいんだよね」と言うのは伝わらない人です。

「君にはむずかしいだろう」「女は機械に弱い」と決めつけています。

説明する時も、ヘンなためがあります。

「むずかしいことをできる私は勝っている」という気持ちから、「むずかしい」と言うのです。

すべてのことは「very easy」から始めることが大切なのです。

思わず動きたくなる話し方　48

「ちょっと、むずかしいです」を言わない。

49 質疑応答の質問は、3秒でできる。短い質問ほど、中身がある。

質問は、3秒で聞けるものが一番いい質問です。

「○○は△△なんですか」の一文でいいのです。

3秒で質問できない人は、お礼から始まります。

「本日は、大変勉強になるお話をありがとうございました。私は小さな会社を経営しておりまして、業務内容を言いますと……」と、自分の宣伝が始まります。

その後に、「今日、先生にこういうふうに伺いまして、かねてから私が考えていたのはこういうことで、こういうことがありまして、～ということでよろしいでしょうか」と、続きます。

これは、単に講演で話した内容を繰り返しただけです。

周りで聞いている人からは「あいつ、なに自己顕示欲出してるんだ」と思われて、好感度が下がります。

それで終わりかと思うと、「ということで、質問が３つありまして……」と、そこから質問が始まるのです。

この１人の発言で、ほかの人たちが質問する時間が減り、テンションが一気に下がります。

どれもムリにした質問なのです。

３つ話しているうちに、本人も何を質問したかわからなくなります。

短い質問ほど、中身がいいのです。

長い質問は、中身がありません。

ほぼ「私がここにいる」という自己顕示欲のあらわれです。

講演をずっと聞いていたから、自分をアピールしたいという気持ちはわからないでもありません。

会議でも同じです。

本当にいい質問は、短いです。

最初の人の質問が短いと、あとの流れがよくなります。

結婚式のスピーチは、1人目が勝負です。

結婚式のスピーチは、1分で話します。

「3分で」と言うと、相手は3倍話します。

1人目が9分話すと、その後は9分より短くなりません。

残りの話し手が「最低9分だな」と考えるからです。

そうすると、時間が押し続けます。


私は友達の結婚式の司会をたくさんしました。

式が始まる前に、「冒頭で主賓の挨拶があるから、主賓に頼む時に『今日は1分ルールでいきます』と言ってね」とスタッフの人に伝えます。

1分と言っても、3分になるからです。

話し終わりのところで「ありがとうございました。続きまして……」と、次の人を呼び出します。
登壇する次の人に、前の人を追い出してもらうのです。

思わず動きたくなる話し方 49

お礼・自己紹介を省こう。

50 相談の前に、説明しない。説明が長くなる時は、メンタルが下がっている。

相談を受ける時に、「これはなかなか重症だな」と感じるのは、質問が長い時です。

その上、何を相談したいのかがわかりません。

相談の前に説明が始まってしまうのです。

状況を理解してもらってから相談しようとするからです。

これは、聞いている側は疲れます。

相談する時は、最初に相談の文章を一文言います。

「会社を辞めようかどうか考えているんですけど」と言ったあとで、「こういうセクハラに遭って……」と説明します。

聞き手は、その相談内容を前提に話を聞けます。

「今こういうセクハラに遭ってまして、どうのこうの……」から始まると、話の全体を聞かなければなりません。

「今、会社を辞めようかどうか迷っている」がテーマで、「今セクハラに遭っていて……」という話を聞くと、話の軸がわかりやすいです。

まずセクハラの話から始まり、どこの切り口を考えればいいのかがわからないまま話を聞き続けるのは、凄く疲れます。

「説明の前に質問は何かな」と聞くと、伝わらない人は「質問はですね……」と、また説明が始まります。

「紙に書いてみて下さい」と言っても、書けません。

「○○は△△ですか」「○○はどうしたらいいですか」という質問を書けないのは、メンタルが参っている時です。

これではアドバイスのしようがありません。

「ゴメン、もう1回聞くよ。質問は？」と聞いて、かろうじて「○○は△△なんでしょうか」となっても、今までの話とまったく変わってくる人がいます。

聞き直すたびに質問が変わるのです。

自分の中で混乱が起こっているからです。

相談する人間も頭の整理が必要です。

アドバイスを生かせる人は、30分の相談時間があっても、「アッ、そうか！ なんだそういうことか。解決しました」と、3分で終わります。

それが正しい相談の仕方です。

質問からスパッと入って、説明を短くつければ、相談したいことはわかります。

質問ではなくグダグダ説明から入るタイプは、今まで相談していた相手を間違えています。

身の上相談好きな「相談され魔」に聞いていたのです。

身の上相談好きな相談され魔は、話が長くなればなるほど、ごはんがおかわりできます。

話が長引いたり、こじれるほうが好きです。

納得しかけた状況を、「あなたはそれでいいの？」と、もう1回ほじくり返します。
身の上相談好きな相談され魔に相談すると、どんどん話が長くなっていくのです。

思わず動きたくなる話し方 50

1分で質問して、それから説明しよう。

51

締めは、短く。

スピーチは、締めを短くすることがコツです。
1対1で話す時も、同じです。
締めの印象は凄く大きいのです。
失敗するのは、強調しようとして、締めにリフレインが入る人です。
「あ、いい話を聞いたな」と思うのは、締めがすっと短い話です。
話のうまい人は、締めでグダグダ言わないのです。

思わず動きたくなる話し方 51

「もう一度、言います」を言わない。

第7章

伝え方で、損をしない。

52 「ご存じないかもしれませんが」は、聞いてもらえない。

マウンティングされている印象を持つと、聞く側は「この話は聞きたくない」と感じます。

マウンティングしてくる人は、相手にビビっています。

マウンティングされたら、「この人はビビってるんだ。自信がないんだな」と考えて聞き流せばいいのです。

自分が伝える側でも、マウンティングしないことです。

マウンティングは、勝ち負けにこだわることです。

マウンティングする人は、相手に勝とうとしたり、相手になめられないように話そうとします。

マウンティングしない。

思わず動きたくなる話し方 52

そのワードが、「ご存じないかもしれませんが」「ご存じかどうかわかりませんが」「これはご存じと思いますが」です。

「ご存じ」は、聞き手からすると、イヤなマウンティング言葉です。

余計な言葉を挟むことによって、話全体を聞きたくなくなります。

「ご存じ」は、１分の中に必要ない言葉です。

３分になると、「ご存じ」が入ってきます。

ＴＶＣＭに「ご存じと思いますが」という言葉はいりません。

「ご存じと思いますが、京都いいですから、行きましょう」は、ありえません。

「ご存じ」は前提にして、スパッと言い切ればいいのです。

余計な前置きはいらないのです。

53

「一概には、言えない」より、言い切る。正論よりも、極論が伝わる。一般論を言わない。ほかの人が言いそうなことは、言わない。

その道の専門家ほど、話が下手です。

コシノジュンコさんに美術の話をしていると、「あんたの美術の話、落語みたいで面白いわ。アート落語やね」と言われました。

落語は、ラフに話しているだけで、ムダな言葉はひとつもありません。

古典落語だから、ムダな言葉は削れてきているのです。

専門家は、専門的に間違ったことを言ってはいけないと思うからザクッと言えないのです。

同業者から「あいつ、これも知らないのか」「話が雑だな」と言われることを気にします。

聞き手がビギナーであることを前提にしないで、「私のほうが詳しい」と張り合うから、専門家の話はわからないのです。

英語講師の関正生先生の英語の話が面白いのは、同業者からなんと言われようが平気というスタンスで受験生のために語ってくれるからです。

多くの英語の先生は同業者の目も意識します。

そうすると、例外項目をたくさん入れて、同業者から「おまえ、こんな例外を知らないのか」と言われないように予防線を張ります。

どんな話にも例外はあります。

例外を言えば言うほど、聞き手にはわからなくなります。

例外はいらないのです。

脚注が多すぎる本は、わかりにくいです。

文章は、注釈の括弧なしで書く必要があります。

話も同じです。

話に注釈の括弧を入れながら話すと、聞き手はわからなくなります。

「一概には言えない」ではなく、言い切ることです。

正しさにこだわらず、極論を言えばいいのです。

正しい話は、最もつまらないです。

正しい話は、誰にでも共通で、誰もが知っています。

大阪では正論を言うと、「当たり前のことばっかり言わんといて」と言われます。

わかっていることを上から言われると、反感を買い、マイナスの印象になります。

多様性の時代は、極論のほうが「そんな見方もあるんだ」と受け入れられます。

何か意見を言う時は、賛否両論起こる話が一番伝わります。

どこからも批判が来ないような話は、批判も来ないかわりに、伝わりもしません。

批判が来るのは、伝わっているということです。

論文の場合は、今までの意見を全部書いて、最後にチョロリと自分の新しい意見を書きます。

1分で話す時は、誰もが知っている今までの意見は要りません。

「自分の意見だけ言うと、みんなが知っていることを知らないんじゃないかと思われたらどうしよう」という心配は無用です。

知らなくてけっこうです。

そんなことを知っているかどうかは問題ではありません。

「言い切る」とは、100%のうちの1%しか語らないことです。

残りの99%の一般論を知らない可能性もあります。

1分で伝えるためには、一般論を言うより、どちらの切り口のほうが斬新かが大切なのです。

思わず動きたくなる話し方　53

「よく言われるように」を言わない。

54 映画は、ストーリーよりシーンを話す。

私は、推理小説映画についての対談をした時に、「でも、犯人が○○とは思いませんでしたね」と、相手の女性に言われて、「犯人、○○だったの？」と驚きました。

語り合ったのは映画を見たあとです。

私は、映画を筋では見ていません。

映画は、筋ではありません。

私は、「このワンシーンの、このしぐさがいいよね」「ここのセリフがたまらないよね」というところを集中して見ています。

筋を追いかけると、そういう部分を見逃すのです。

「あなた、映画の筋がわかってないいじゃない」と言われたら、私は「筋はわかっていないです。だって、映画に興味があるから」と答えます。

2時間の映画で、最初の30分は監督の個性が出るところです。
残り30分から2時間までの90分は、筋です。

監督の個性は出せません。

遊びは冒頭の30分だけです。

残りの筋は誰が撮っても同じです。

私は筋がわからないので、映画を何回も楽しめます。

映画は2回見ると、発見があります。

2回目は、筋を知っていて、筋以外の部分を見る余裕があるからです。

映画を楽しむ人は、1回目から筋を見ていないのです。

思わず動きたくなる話し方　54

中身より話し方を味わおう。

55 婉曲な言い回しは、イヤ味になる。

話し方について、よく「クッション言葉を挟みましょう」というアドバイスがあります。

中途半端なクッション言葉は、聞いている側からすると慇懃無礼で、小バカにされている感じを与えます。

それよりはダイレクトに、単刀直入に言ってもらうほうがいいです。

「これは間違っているかもしれませんけど」と言うと、「おまえ、絶対思ってないだろう」と、逆に反感を買います。

クッション言葉を挟まずに、ズバッと言い切ればいいのです。

私が司会の達人・中居正広さんが凄いと感じたのは、ある女優さんが不倫バッシングされていた頃にＴＢＳ「中居正広の金曜日のスマイルたちへ（金スマ）」のゲストに出た時です。

普通は、遠回しに聞いていきます。

誰もが遠回しに聞いていくと思っていると、冒頭、中居さんが「何があったの？」と聞きました。

すると、「そこからですか」と、その女優さんが笑いながら言いました。

これで話しやすくなったのです。

そうしないと、「いつ聞くんだろう」と、聞かれる側も、ＴＶを見ている側もハラハラします。

遠回しに言っていくと、逆に入れなくなります。

冒頭から入ったほうが話しやすいのです。

イヤ味がなくなります。

ド真ん中の直球でズバンと入れるのが、中居さんの感じのよさです。

聞きたいことは、遠回しにいけばいくほど、好感度が下がっていくのです。

思わず動きたくなる話し方 55

「間違っているかもしれませんが」
と言わない。

56 たとえ話が好きになると、老化現象。具体論がない時ほど、たとえ話になる。

伝わらない人はたとえ話が大好きです。

これが、話が長くなる原因です。

大体、そのたとえ話は意味不明です。

本を読んでいると、たとえ話が出てきます。

それで、「カッコいいな。自分もそんなたとえ話をしてみたい」と思ってたとえ話をしてみると、どこかピントがずれているのです。

伝わらない人がたとえ話になるのは、具体論がない時です。

具体的にどうするというアイデアが浮かばない時に、たとえ話でウケをとって、「いいこと言うねえ」と思われたいのです。

伝わらない人は、自分もたとえ話を聞くのが好きです。

聞いているのはプロのたとえ話です。

たとえ話は、スーパーハイテクニックです。

うまいたとえ話だけを見ていると、自分も言いたくなる気持ちはわかります。

志はすばらしいです。

たとえ話にアマチュアが手を出すと大変なことになります。

聞き手がキョトンとしてしまうのです。

すると、ほかに言うことがなくて、「つまり、そういうことなんだよ」と、無理矢理まとめようとします。

それでも聞き手がキョトンとしていると、今度は焦って「じゃ、別のことにたとえようか」と言います。

これはドツボにハマっている状態です。

アマチュアが「言ってみれば、こういうことなんだよ」と言うのは危ないのです。

結婚式でも、伝わらない人のスピーチでは必ずたとえ話があります。

有名なたとえ話は、ほかの人とかぶります。
自分で編み出した新しいたとえ話をしても意味がわかりません。
それで焦ると、さらに別のたとえ話になります。
これがオジサンがハマる失敗の典型的なパターンなのです。

思わず動きたくなる話し方　56

「言ってみれば」という比喩を入れない。

57

クイズ形式で喜んでいるのは、話し手だけ。

伝わらない人はクイズが大好きです。

「なんだと思う?」と聞かれた人が「わかりません」と答えました。

そうすると、その返事の意味を勘違いします。

「わかりません」と答えた人は、「早く言え。ヘンなためをつくるな」という意味で言っているのに、それが通じないのです。

クイズに酔っているから、「考えてみて」と、さらに言います。

聞かれた人は、「どうでもいいわ」という気持ちになります。

聞いている側が求めているのは、クイズではありません。

答えを求めているのです。

本でも、私は見出しに答えを書いています。

それで読者は安心して読めるのです。

話も、冒頭で答えを言ってくれると、安心して聞けます。

冒頭でクイズを出されて、答えが最後に出てくる形では、最後まで安心できません。

「なんだろう、なんだろう」で引っ張られます。

これは、聞いている側にストレスを与えます。

大切なことは、聞いている側にストレスを与えないで、安心して聞ける1分にすることです。

どんでん返しなど求めていません。

本の見出しが「1分で伝えるにはコツがあります」では、私は読みません。

「『コツはこうだ』と冒頭で言ってくれよ、何をためてるんだ」と思うからです。

最後まで聞いて、たいした話でなかった時に、「ここまで聞いてそれですか」と、損した感が生まれます。


冒頭でたいしたことない答えを言ってくれると、そこは飛ばすことができるので、

損した感は生まれません。

わずか1分でも、相手にとっては貴重な1分です。

聞いて損したか得したかが、その後「もうこの人の話は聞かなくていいや」となるかどうかのわかれ目になります。

1回でも、相手に損をさせる体験を持たせないことです。

今回は「なるほどね。ハハハ」と終わっても、「次からこの人の話を聞くのはやめよう」と思われたら、未来のチャンスがなくなります。

今回納得できるかどうかの問題ではありません。

「この人の話は面白いから、また聞きたいな」と思われるかどうかが大切なのです。

思わず動きたくなる話し方 57

「なんだと思う?」より、

答えを即、伝えよう。

58 「ちょっと興味がある」より、「最大の課題なんです」と聞く。

たとえば、講演に来た人に「ちょっと興味がありまして」と言われました。

この話し方は損をしています。

相手にとっては一生懸命つき合う1分です。

たかだか1分でも、話し手と聞き手の運命の1分です。

このあと、一生つき合うことになる可能性もあります。

人生が決まることもある貴重な1分で、「ちょっと興味がありまして」と言うのは、あまりにも相手に対してのリスペクトがなさすぎます。

単なるヒマつぶしのように感じます。

「ちょっと興味がありまして」と言われると、ガッカリします。

「これは私の最大の課題なんです」と言われたら、それには一生懸命答えようと思います。

「ちょっと興味がありまして」と言われると、「ネットを見ればいい」という気持ちになります。

人と1分話をすることは、その人の人生を費やしているのです。

人生が凝縮された1分は貴重な時間です。

話す側と聞く側、どちらもそこに膨大なエネルギーと気合いをかける必要があります。

ここに温度差があるのはおかしいのです。

世の中が便利になると、「ちょっと聞いてみたい」「ちょっと関心があった」ということでも、聞けることがたくさんあります。

人と1分話すことを「1分しかない」と言わないことです。

この1分は凄いことです。

60歳の人は、60年がその1分に入っています。

話す側にしても、聞く側にしても、その時間をいただくということです。

60歳の人と60歳の人が話したら、１２０年のぶつかり合いです。

この先の人生が変わる1分になる場合もあります。

「ちょっと関心がありまして」と、相手に負担をかけないつもりで悪意なく聞く人がいます。

それでも、話し手は、「相手の最大の課題だ。この人の今後の人生を変えてあげよう」と思って1分を使います。

その1分に対して温度差があると、お互いにすれ違ってしまうのです。

思わず動きたくなる話し方　58

興味より、最大の課題として話そう。

59 同じことを、2回言わない。2回言うと、反感を買う。

大切なことであればあるほど、2回繰り返さないことです。

2回繰り返すと、相手は「くどい」と感じます。

1回目の発言は受け入れられます。

2回同じ発言をすると、消去されます。

3回同じ発言をすると、反感になります。

「何度も言うようですが」は、NGです。

話し手は、大切なことと思っているから繰り返してしまうのです。

1分の話は、俳句と同じです。

俳句の5・7・5の中に、言葉を繰り返す余裕はありません。

究極、相手が50秒話して、自分が10秒話すＣＭぐらいの長さでは、ムダな言葉を繰り返しているヒマはありません。

私はＣＭの世界で、繰り返す余裕がない中で、一番伝えなければならないことを絞り込む仕事をしていました。

15秒しか聞いていないのに、凄く長い話を聞いたような気がするＣＭをつくっていたのです。

私は、高校時代は短歌部でした。

短歌とコピーはまったく同じ世界です。

短い中でどう相手に伝えるかを考えます。

短いものであればあるほど、相手に刺さります。

本のコピーは、あれもこれも入っていて長くて損をしているものが多いです。

結局、それらの言葉は全滅して、ただの模様になってしまいます。

短い言葉が一行あるから、本屋さんで見た人に「アッ」と刺さるのです。

「一応これとこれも入れておきましょう」と、たくさん入れれば入れるほど、そのスペースは死んでしまいます。

「何度も言いますが」「先ほども言ったように」「繰り返しますが」を言わなければならないこと自体、論理が深まっていません。

ツカミ・ヒネリ・オチの3段階の論理を深めればいいのです。

繰り返すことによって常に浅いところのままだと、相手の時間をムダにして、「それは聞いた」となります。

耳にタコという状態は、反感しか残りません。

それでは、せっかくいい言葉でも、もったいないです。

いい言葉ほど、1回しか言わないことです。

映画でも、いいセリフを何回も言うと「これ、聞かせようと思ってるんだな」と、聞いている側に入らなくなります。

映画の中のいい言葉は、必ず主役ではなく、わき役が言います。

主役が言うとイヤらしくなるからです。

ドラマ『踊る大捜査線』でのいいセリフは、いかりや長介さんが言います。

「何度も、言いますが」を言わない。

思わず動きたくなる話し方 59

漫画『賭博黙示録カイジ』の中では、カイジではなく敵役の利根川幸雄がいいセリフを言います。

わき役が一度だけ言っているセリフのほうが刺さるのです。

60
「これなら、できそう」と感じると、人は動く。目的は、伝わることではなく、動くことだ。

ホテルに泊まると「何かお気づきのことはありますか」と、コメントを求められたり、アンケート用紙に書く場合があります。

その時、ホテルが「それは参考になる」と思うのは、時間とお金がかからないことです。

伝え方の下手な人は、「それ、予算かかるわ」と思われます。

「ロビーのインテリアをもっとこうしたほうがいい」と言うと、「どれだけお金がかかるんだ」と心配になります。

伝え方の上手な人は、「ここの踊り場にテーブルを置いて食事ができたらオシャレになるのに」と、お金がかからず簡単にできることを言います。

「それはむずかしいよね」というアドバイスより、「これならできそう」というアドバイスのほうが喜ばれるのです。

「何か手品を教えてください」と言った時に、

「1年ぐらい練習したらできるようになりますよ」

と言われても、プロの手品師になりたい訳ではありません。

胴体切断のような大がかりな手品も求めていません。

道具も練習もいらなくてウケる簡単な手品がいいのです。

練習も道具も不要で、今からすぐできる簡単なものを相手に伝えることが、スモールステップのアドバイスです。

究極のスモールステップは、キッカケをつくることです。

最終的には練習の必要があっても、まずスモールステップで1歩を踏み出せる具体的なアドバイスをすればいいのです。

「いい話を聞きました」と言われても、動けなければ意味がなくなります。

それは、伝わったことにはなりません。

本当に伝わったことは、「これ、早速してみよう」ということです。

私が19年行っているスポーツマッサージのお店は、社員150人でボウリング大会をします。

ある時、私がボウリングをしていることを知っているので、「中谷さん、来週、ボウリング大会があるんですよ。どうしたらいいですか」と聞かれました。

私はうつ伏せでマッサージされている状態です。

ここで何をアドバイスするかです。

プロボウラーに対するアドバイスはNGです。

求められているのは、社内のボウリング大会に参加する人へのアドバイスです。

私は「ボールを投げると、自分が思ったのと比べて右へ行く？　左に行く？」と聞きました。

「自分が思っているより左へ行きます」と言うので、「ボールを右の肩の前で持ってごらん。体の真ん中で持っていると、バックスイングで外側へ振って左側に入っちゃうんだよ」とアドバイスしました。

すると、隣のカーテンの向こうにいる別のスタッフから、「すみません、中谷さん、私、右へ行くんですけど」と言われました。

そこで私は「投げ終わったあと、握手の形で終わってごらん。そうしたら、ボールは右に行かないから」とアドバイスしました。

それを聞いたスタッフが「今日、帰りに行かなくちゃ」と言いました。

専門的なアドバイスはいくらでもあります。

一番大切なのは、「今日からすぐしたい」と思うアドバイスをすることなのです。

思わず動きたくなる話し方　60

時間もお金もかからない
スモールステップを伝えよう。

61 廊下・トイレ・エレベーターで、チャンスが生まれる。

この本を読んだ人が「あ、これやってみよう」と思ってくれるのが一番ベストです。

1つ1つの項目が、1分で伝えるためのコツです。

これは、話し方の本でもあり、書き方の本でもあります。

コミュニケーションは、結局、1時間話すことより、廊下ですれ違った時の話し方が一番の勝負です。

廊下での会話は「コリドートーク」と言います。

廊下・トイレ・エレベーターの3カ所がチャンスをつかめる場所です。

そこで話せる時間は1分しかありません。

上司から部下に話す、部下から上司に話す、どちらの場合も同じです。

私が上司に対して「いい人だな。この人についていこうかな」となんとなく思ったのは、トイレです。

トイレで壁に向かって立っている瞬間に、「おう、どうだ?」と言われて、

「なかなか大変です」

「ウンウン、これは○○で△△なんだよ」

というやりとりをしました。

その時間は1分です。

わずか1分のやりとりが、その後「この人についていこう」と思うかどうかの運命の瞬間になるのです。

思わず動きたくなる話し方　61

廊下・トイレ・エレベーターでチャンスをつかもう。

『モテるオヤジの作法2』
『かわいげのある女』

【DHC】
ポストカード『会う人みんな神さま』
書画集『会う人みんな神さま』
『あと「ひとこと」の英会話』

【海竜社】
『昨日より強い自分を引き出す61の方法』
『一流のストレス』

【リンデン舎】
『状況は、自分が思うほど悪くない。』
『速いミスは、許される。』

【文芸社】
文庫『全力で、1ミリ進もう。』
文庫『贅沢なキスをしよう。』

【総合法令出版】
『「気がきくね」と言われる人のシンプルな法則』
『伝説のホストに学ぶ82の成功法則』

【サンクチュアリ出版】
『転職先はわたしの会社』
『壁に当たるのは気モチイイ
人生もエッチも』

【WAVE出版】
『リアクションを制する者が20代を制する。』

【ユサブル】
『1秒で刺さる書き方』

【河出書房新社】
『成功する人は、教わり方が違う。』

【二見書房】
文庫『「お金持ち」の時間術』

【ミライカナイブックス】
『名前を聞く前に、キスをしよう。』

【イースト・プレス】
文庫『なぜかモテる人がしている42のこと』

【第三文明社】
『仕事は、最高に楽しい。』

【日本経済新聞出版社】
『会社で自由に生きる法』

【講談社】
文庫『なぜ あの人は強いのか』

【アクセス・パブリッシング】
『大人になってからもう一度受けたい
コミュニケーションの授業』

【阪急コミュニケーションズ】
『サクセス&ハッピーになる50の方法』

【きこ書房】
『大人の教科書』

中谷彰宏　主な作品一覧

『選ばれる人、選ばれない人。』
『一流のウソは、人を幸せにする。』
『なぜ、あの人は「本番」に強いのか』
『セクシーな男、男前な女。』
『運のある人、運のない人』
『器の大きい人、器の小さい人』
『品のある人、品のない人』

【学研プラス】
『なぜあの人は感じがいいのか。』
『頑張らない人は、うまくいく。』
文庫『見た目を磨く人は、うまくいく。』
『セクシーな人は、うまくいく。』
文庫『片づけられる人は、うまくいく。』
『美人力』（ハンディ版）
文庫『怒らない人は、うまくいく。』
文庫『すぐやる人は、うまくいく。』

【ファーストプレス】
『「超一流」の会話術』
『「超一流」の分析力』
『「超一流」の構想術』
『「超一流」の整理術』
『「超一流」の時間術』
『「超一流」の行動術』
『「超一流」の勉強法』
『「超一流」の仕事術』

【秀和システム】
『人とは違う生き方をしよう。』
『なぜ あの人はいつも若いのか。』
『楽しく食べる人は、一流になる。』
『一流の人は、○○しない。』
『ホテルで朝食を食べる人は、うまくいく。』
『なぜいい女は「大人の男」とつきあうのか。』
『服を変えると、人生が変わる。』

【水王舎】
『なぜあの人は「美意識」があるのか。』
『なぜあの人は「教養」があるのか。』
『結果を出す人の話し方』
『「人脈」を「お金」にかえる勉強』
『「学び」を「お金」にかえる勉強』

【大和出版】
『「しつこい女」になろう。』
『「ずうずうしい女」になろう。』
『「欲張りな女」になろう。』
『一流の準備力』
『歩くスピードを上げると、頭の回転は
速くなる。』

【あさ出版】
『孤独が人生を豊かにする』
『気まずくならない雑談力』
『「いつまでもクヨクヨしたくない」とき
読む本』
『「イライラしてるな」と思ったとき読む本』
『なぜあの人は会話がつづくのか』

【日本実業出版社】
『出会いに恵まれる女性がしている
63のこと』
『凛とした女性がしている63のこと』
『一流の人が言わない50のこと』
『一流の男 一流の風格』

【すばる舎リンケージ】
『好かれる人が無意識にしている
文章の書き方』
『好かれる人が無意識にしている
言葉の選び方』
『好かれる人が無意識にしている気の使い方』

【現代書林】
『チャンスは「ムダなこと」から生まれる。』
『お金の不安がなくなる60の方法』
『なぜあの人には「大人の色気」があるのか』

【毎日新聞出版】
『あなたのまわりに「いいこと」が起きる
70の言葉』
『なぜあの人は心が折れないのか』
『一流のナンバー２』

【ぜんにち出版】
『リーダーの条件』

【きずな出版】
『生きる誘惑』
『しがみつかない大人になる63の方法』
『「理不尽」が多い人ほど、強くなる。』
『グズグズしない人の61の習慣』
『イライラしない人の63の習慣』
『悩まない人の63の習慣』
『いい女は「涙を背に流し、微笑みを抱く男」とつきあう。』
『ファーストクラスに乗る人の自己投資』
『いい女は「紳士」とつきあう。』
『ファーストクラスに乗る人の発想』
『いい女は「言いなりになりたい男」とつきあう。』
『ファーストクラスに乗る人の人間関係』
『いい女は「変身させてくれる男」とつきあう。』
『ファーストクラスに乗る人の人脈』
『ファーストクラスに乗る人のお金2』
『ファーストクラスに乗る人の仕事』
『ファーストクラスに乗る人の教育』
『ファーストクラスに乗る人の勉強』
『ファーストクラスに乗る人のお金』
『ファーストクラスに乗る人のノート』
『ギリギリセーーフ』

【PHP研究所】
『定年前に生まれ変わろう』
『なぜあの人は、しなやかで強いのか』
『メンタルが強くなる60のルーティン』
『なぜランチタイムに本を読む人は、成功するのか。』
『中学時代にガンバれる40の言葉』
『中学時代がハッピーになる30のこと』
『もう一度会いたくなる人の聞く力』
『14歳からの人生哲学』
『受験生すぐにできる50のこと』
『高校受験すぐにできる40のこと』
『ほんのささいなことに、恋の幸せがある。』
『高校時代にしておく50のこと』
文庫『お金持ちは、お札の向きがそろっている。』
『仕事の極め方』
『中学時代にしておく50のこと』
文庫『たった3分で愛される人になる』
『【図解】「できる人」のスピード整理術』
『【図解】「できる人」の時間活用ノート』
文庫『自分で考える人が成功する』
文庫『入社3年目までに勝負がつく77の法則』

【大和書房】
文庫『今日から「印象美人」』
文庫『いい女のしぐさ』
文庫『美人は、片づけから。』
文庫『いい女の話し方』
文庫『「つらいな」と思ったとき読む本』
文庫『27歳からのいい女養成講座』
文庫『なぜか「HAPPY」な女性の習慣』
文庫『なぜか「美人」に見える女性の習慣』
文庫『いい女の教科書』
文庫『いい女恋愛塾』
文庫『「女を楽しませる」ことが男の最高の仕事。』
文庫『いい女練習帳』
文庫『男は女で修行する。』

【リベラル社】
『「また会いたい」と思われる人「二度目はない」と思われる人』
『モチベーションの強化書』
『50代がもっともっと楽しくなる方法』
『40代がもっと楽しくなる方法』
『30代が楽しくなる方法』
『チャンスをつかむ 超会話術』
『自分を変える 超時間術』
『問題解決のコツ』
『リーダーの技術』
『一流の話し方』
『一流のお金の生み出し方』
『一流の思考の作り方』

【ぱる出版】
『粋な人、野暮な人。』
『品のある稼ぎ方・使い方』
『察する人、間の悪い人。』

中谷彰宏　主な作品一覧

【ダイヤモンド社】
『面接の達人 バイブル版』
『なぜあの人は感情的にならないのか』
『50代でしなければならない55のこと』
『なぜあの人の話は楽しいのか』
『なぜあの人はすぐやるのか』
『なぜあの人は逆境に強いのか』
『なぜあの人の話に納得してしまうのか[新版]』
『なぜあの人は勉強が続くのか』
『なぜあの人は仕事ができるのか』
『25歳までにしなければならない59のこと』
『なぜあの人は整理がうまいのか』
『なぜあの人はいつもやる気があるのか』
『なぜあのリーダーに人はついていくのか』
『大人のマナー』
『プラス1%の企画力』
『なぜあの人は人前で話すのがうまいのか』
『あなたが「あなた」を超えるとき』
『中谷彰宏金言集』
『こんな上司に叱られたい。』
『フォローの達人』
『「キレない力」を作る50の方法』
『女性に尊敬されるリーダーが、成功する。』
『30代で出会わなければならない50人』
『20代で出会わなければならない50人』
『就活時代しなければならない50のこと』
『あせらず、止まらず、退かず。』
『お客様を育てるサービス』
『あの人の下なら、「やる気」が出る。』
『なくてはならない人になる』
『人のために何ができるか』
『キャパのある人が、成功する。』
『時間をプレゼントする人が、成功する。』
『明日がワクワクする50の方法』
『ターニングポイントに立つ君に』
『空気を読める人が、成功する。』
『整理力を高める50の方法』
『迷いを断ち切る50の方法』
『なぜあの人は10歳若く見えるのか』
『初対面で好かれる60の話し方』
『成功体質になる50の方法』
『運が開ける接客術』
『運のいい人に好かれる50の方法』
『本番力を高める57の方法』
『運が開ける勉強法』
『バランス力のある人が、成功する。』
『ラスト3分に強くなる50の方法』
『逆転力を高める50の方法』
『最初の3年その他大勢から抜け出す50の方法』
『ドタン場に強くなる50の方法』
『アイデアが止まらなくなる50の方法』
『思い出した夢は、実現する。』
『メンタル力で逆転する50の方法』
『自分力を高めるヒント』
『なぜあの人はストレスに強いのか』
『面白くなければカッコよくない』
『たった一言で生まれ変わる』
『スピード自己実現』
『スピード開運術』
『スピード問題解決』
『スピード危機管理』
『一流の勉強術』
『スピード意識改革』
『お客様のファンになろう』
『20代自分らしく生きる45の方法』
『なぜあの人は問題解決がうまいのか』
『しびれるサービス』
『大人のスピード説得術』
『お客様に学ぶサービス勉強法』
『スピード人脈術』
『スピードサービス』
『スピード成功の方程式』
『スピードリーダーシップ』
『出会いにひとつのムダもない』
『なぜあの人は気がきくのか』
『お客様にしなければならない50のこと』
『大人になる前にしなければならない50のこと』
『なぜあの人はお客さんに好かれるのか』
『会社で教えてくれない50のこと』
『なぜあの人は時間を創り出せるのか』
『なぜあの人は運が強いのか』
『20代でしなければならない50のこと』
『なぜあの人はプレッシャーに強いのか』
『大学時代しなければならない50のこと』
『あなたに起こることはすべて正しい』

著者略歴

中谷 彰宏（なかたに あきひろ）

1959年、大阪府生まれ。早稲田大学第一文学部演劇科卒。博報堂に入社し、8年間のCMプランナーを経て、91年、独立し、株式会社中谷彰宏事務所を設立。人生論、ビジネスから恋愛エッセイ、小説まで、多くのロングセラー、ベストセラーを送り出す。中谷塾を主宰し、全国で講演活動を行っている。

※本の感想など、どんなことでもお手紙を楽しみにしています。
他の人に読まれることはありません。**僕は本気で読みます。**

中谷彰宏

〒460-0008 名古屋市中区栄3-7-9 新鏡栄ビル8F 株式会社リベラル社 編集部気付
中谷彰宏 行

※食品、現金、切手等の同封はご遠慮ください（リベラル社）

［中谷彰宏 公式サイト］ https://an-web.com

中谷彰宏は、盲導犬育成事業に賛同し、この本の印税の一部を（公財）日本盲導犬協会に寄付しています。

装丁デザイン　菊池祐
本文デザイン　渡辺靖子（リベラル社）
取材協力　丸山孝
編集　伊藤光恵（リベラル社）
営業　廣田修（リベラル社）

編集部　堀友香・山田吉之・山中裕加
営業部　津田滋春・津村卓・青木ちはる・榎正樹・澤順二・大野勝司

写真　Sunny studio/Shutterstock.com

1分で伝える力

2019年7月26日　初版
2021年9月28日　再版

著　者　中 谷 彰 宏
発行者　隅 田 直 樹
発行所　株式会社　リベラル社
〒460-0008 名古屋市中区栄3-7-9 新鏡栄ビル8F
TEL 052-261-9101　FAX 052-261-9134
http://liberalsya.com

発　売　株式会社　星雲社
〒112-0005 東京都文京区水道1-3-30
TEL 03-3868-3275

©Akihiro Nakatani 2019 Printed in Japan
落丁・乱丁本は送料弊社負担にてお取り替えいたします。　16001
ISBN978-4-434-26320-0　C0030

リベラル社　中谷彰宏の好評既刊

一流の時間の使い方

21世紀の情報化社会は「時間を制するもの」が豊かに。豊かな時間を生み出す62の法則を紹介。

一流の思考の作り方

一流は、壁に当たった時にやり方を変えます。うまくいくための発想を切り替える61の法則を紹介。

一流のお金の生み出し方

一流は、利益が生まれたら、それを勉強にまわして成長します。お金で成長する61の法則を紹介。

一流の話し方

一流は、言葉の裏側にある気持ちまでくみ取って人を動かします。あの人を巻き込む60の方法を紹介。

すべて　四六判／1,300円＋税

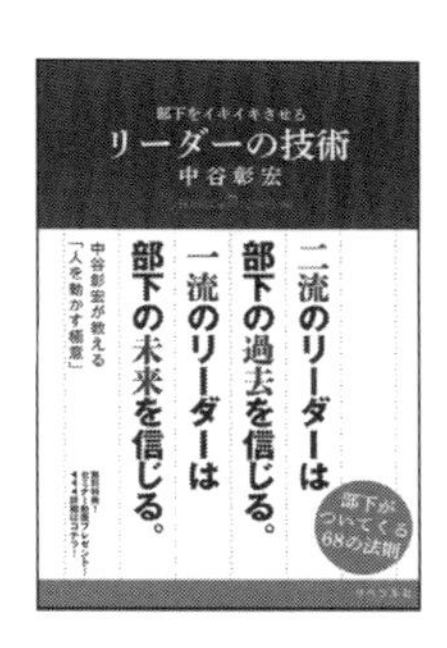

部下をイキイキさせる
リーダーの技術

部下をイキイキさせるのがリーダーの仕事です。部下がついてくる68の法則を紹介します。

チームを成長させる
問題解決のコツ

問題を乗り越えることでチームは成長します。チームが解決に動き出す61の具体例を紹介。

自分を変える 超時間術

自分を変えるということは、時間の使い方を変えるということです。

「生まれ変わるための62の具体例」

チャンスをつかむ 超会話術

仕事、恋愛、勉強で成功する人の共通点は、たった1つ。会話量が多い人です。「会話が弾む62の具体例」

リベラル社　中谷彰宏の好評既刊

「また会いたい」と思われる人
「二度目はない」と思われる人

出会いは、1回会って2回目に会うまでが勝負です。「二度目につなげる72の具体例」を紹介します。

部下のやる気が自動的に上がる
モチベーションの強化書

部下のやる気をひき出すのが、上司の仕事です。どんな部下でもやる気にさせるコツを紹介。

30代が
楽しくなる方法

40代がもっと
楽しくなる方法

50代がもっともっと
楽しくなる方法

すべて　四六判／1,300円＋税